S I S I

Mythe et Réalité

Katrin Unterreiner

SISI

Mythe et Réalité

Traduit par Nathalie Rouanet-Herlt

CHRISTIAN BRANDSTÄTTER VERLAG
WIEN–MÜNCHEN

Depuis son inauguration en avril 2004, le Musée »Sisi – Mythe et Réalité" situé dans le Palais impérial de Vienne, est devenu un véritable pôle d'attraction en Autriche.

Nous devons la conception artistique, la réalisation et la mise en scène du musée au professeur Rolf Langenfass, décorateur et costumier de renommée internationale.
Ce livre, qui reprend la structure dramaturgique du musée, a été écrit par Katrin Unterreiner, curatrice du Musée, qui a travaillé en étroite collaboration avec Rolf Langenfass.

Table des Matieres

Preface

Rarement une souveraine aura été à tel point montée en icône comme l'a été l'impératrice Elisabeth. C'est pourtant longtemps après sa mort que « Sissi » allait devenir dans le monde entier cet idéal romantico-héroïque à la biographie nourrie de légendes et de clichés. Ce personnage est assurément très éloigné de celui de la véritable impératrice Elisabeth, qui ne suscita d'ailleurs de son vivant que peu d'intérêt de la part de ses contemporains.

En 2004, le Musée Sisi, aménagé dans les appartements de la Hofburg, tente de démonter le mythe, en rendant au personnage sa réalité historique et en nous faisant découvrir Elisabeth sous un jour différent.

Le présent ouvrage présente pour la première fois le résultat d'années de recherches pour le Musée Sisi et éclaire un aspect inédit de la vie de l'impératrice excentrique.

C'est à partir de l'attentat, cette mort tragique qui joue un rôle prépondérant pour la naissance du mythe, que nous revenons sur l'évolution personnelle d'Elisabeth et sur les étapes importantes de sa vie : de ses fiançailles à Bad Ischl et son prétendu mariage d'amour avec François-Joseph, à son rôle d'impératrice d'Autriche et son refus de la vie de cour et, comme échappatoire, son culte de la beauté, son obsession de la minceur, ses exploits sportifs et sa poésie exaltée. Nous suivons l'impératrice

A gauche : Ebauche d'Edmund Hellmer pour le monument Elisabeth du château d'Hellbrunn à Salzbourg.

Page ci-contre : Elisabeth d'Autriche, portrait posthume par Gyula Benczur, 1899.

dans sa course folle, dans ses voyages, dans sa fuite insatiable, jusqu'à son assassinat à Genève. Afin d'être au plus près de son univers, de lui donner en quelque sorte la parole, chaque chapitre s'ouvre sur une citation tirée de poèmes d'Elisabeth. Et afin de coller au plus près à la vérité, nous donnons aussi la parole à des contemporains de son entourage proche, comme ses dames d'honneur Marie Festetics et Irma Sztaray, sa fille Marie-Valérie ou son lecteur grec Constantin Christomanos. De nouvelles sources historiques inédites viennent compléter ce portrait, comme le journal de son laquais Léopold Alram, qui l'accompagna dans ses voyages pendant de nombreuses années. Cet ouvrage est issu d'une réflexion scientifique sur la nécessité de remettre en cause les clichés afin de dévoiler la vérité historique.

En haut : Elisabeth en fiancée, à l'âge de seize ans ; anonyme, 1853/54.

Page ci-contre : Affiche commémorant l'impératrice Elisabeth. Les dates sont en partie erronées.

Je souhaite ici remercier toutes les personnes m'ayant soutenue dans ce projet, et tout particulièrement Michael Wohlfart et Monika Levay pour leur précieux conseils et nos échanges enrichissants au sujet de l'impératrice Elisabeth.

Je tiens à remercier le Professeur Langenfass pour sa précieuse collaboration lors de la création du Musée Sisi.

1878
1847
1872
1854
1889
1865
1856
1862
1859
Unsere Kaiserin
in ihren verschiedenen Lebensaltern.
Verlag von J. H. Spitzer, Wien, Czerningasse 21.
Mit Vorbehalt der Nachbildung und Vervielfältigung.

VIRIBUS
UNITIS

LA NAISSANCE D'UN MYTHE

En haut : Timbre de bienfaisance Viribus Unitis ; ébauche de Joseph Urban, frappe de Ferdinand Schirnböck, 1914.

Page ci-contre : Photographie souvenir de l'impératrice Elisabeth, version posthume, retouchée par Carl Pietzner, de la photo de Ludwig Angerer de 1868/69.

La Mort

Zur frommen Erinnerung im Gebete
an unsere allgeliebte Monarchin
Kaiserin Elisabeth
geb. zu Possenhofen in Bayern am
24. December 1887
gest. zu Genf am 10. September 1898

„Selig sind, die ein reines Herz haben, denn sie werden Gott anschauen. Selig sind, die Hunger und Durst haben nach der Gerechtigkeit, denn sie werden gesättigt werden. Selig sind die Barmherzigen, denn sie werden Barmherzigkeit erlangen. (Matth. 5, 1–12.)
R. I. P.

Verlagshandlung „St. Norbertus" in Wien.

Le 10 septembre 1898, dans l'Europe entière, la nouvelle éclate comme un coup de tonnerre : L'impératrice d'Autriche Elisabeth assassinée !

La mort tragique d'Elisabeth marque la fin d'une vie mouvementée, malheureuse, souvent mal comprise, celle d'une personnalité hors du commun. Quand on pense aujourd'hui à « Sisi », on imagine la plupart du temps une impératrice très belle, naturelle et légèrement extravagante – qui n'a pas en tête le souvenir des films de « Sissi » des années cinquante où Elisabeth est incarnée par une jeune Romy Schneider adorable ? Cette image-là est bien éloignée de la réalité historique. Mais comment est donc né ce « mythe Sisi » ? Comment une jeune fille romanesque a-t-elle pu basculer dans la désillusion et développer des penchants morbides ? Comment un personnage auquel ses contemporains ne s'intéressaient guère a-il pu devenir, bien après sa mort, une telle icône ? Son assassinat, cette fin tragique a certes contribué à la naissance du mythe, mais le mythe a certainement été aussi alimenté par le mode de vie inconventionnel d'Elisabeth.

En haut : Prétendu masque mortuaire de l'impératrice Elisabeth, réalisé par Franz Matsch, vers 1900.

Page ci-contre, en haut : Cercueil de l'impératrice Elisabeth quittant l'hôtel Beau Rivage de Genève.

En bas : Ex-voto de l'impératrice Elisabeth.

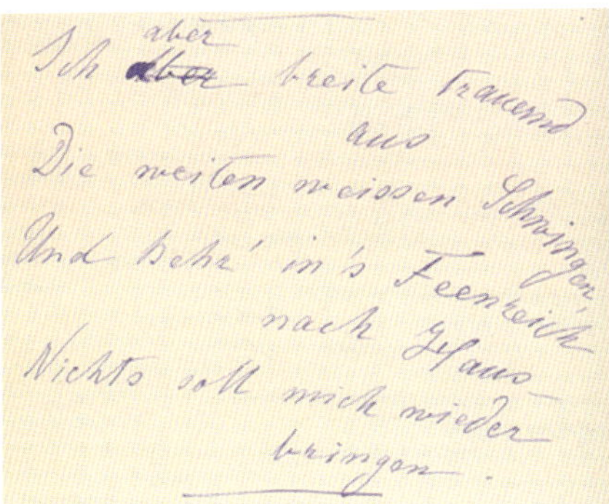
Ich aber breite trauernd aus
Die weiten weissen Schwingen
Und kehr' in's Feenreich nach Haus
Nichts soll mich wieder bringen.

Triste, je déploierai
Mes grandes ailes blanches,
Pour retourner chez moi, au royaume des fées
Et n'en plus revenir.

À mon enfant, 1888

L'Icône

En haut : « L'icône », Musée Sisi, mise en scène du Rolf Langenfass

Page ci-contre, en haut : Dernière photographie connue de l'impératrice ; Ludwig Angerer, 1868/69.

En bas : Cette tasse en porcelaine à l'effigie d'Elisabeth était déjà à l'époque objet de collection.

Le souvenir de cette princesse blessée,
obsédée par la beauté, restera dans l'histoire
comme une image rayonnante et poétique.
Et cette image est à jamais auréolée d'un charme tragique
parce qu'elle n'est pas morte dans son lit,
de maladie ou de vieillesse, mais sous
le coup mortel d'un fou fanatique – même si l'acte est
triste et haïssable – alors qu'elle foulait
le pont d'un bateau en partance pour
un nouveau voyage au cœur de sa nature tant aimée.
Tu te détaches à jamais du gris quotidien,
silhouette noire resplendissante,
Oh toi, Elisabeth d'Autriche !

Bertha von Suttner

Comment Elisabeth était-elle perçue par ses contemporains ? Des articles de presse de l'époque montrent clairement qu'Elisabeth ne noircissait pas les journaux au titre de belle impératrice aimée et adulée. En réalité, la presse parle peu d'Elisabeth de son vivant, qui se retire d'ailleurs vite de la vie publique, se soustrait au rôle d'impératrice et séjourne de moins en moins à Vienne.

On sait peu de choses sur la vie de l'impératrice puisqu'elle apparaît peu aux cérémonies officielles, ce que l'on explique par une santé fragile. En outre, la censure qui pèse, sous la monarchie, sur la presse interdit tout commentaire critique sur la maison impériale et par conséquent sur l'impératrice. Et c'est de toute façon à François-Joseph qu'échoit le premier rôle, celui du « bon vieil empereur » que le peuple porte dans son cœur. La presse parue à la mort de l'impératrice témoigne de la compassion de la nation tout entière pour son empereur, frappé coup sur coup, après la perte de son fils héritier, par le destin.

Les cercles aristocratiques quant à eux, vont jusqu'à reprocher à l'impératrice de se désintéresser des affaires de l'Etat et de son rôle au sein de la monarchie au profit de ses intérêts personnels.

A droite : Affiche commémorant l'impératrice Elisabeth avec vue sur son « île d'Ulysse » près de Corfou.

Page ci-contre : Souvenir de l'impératrice Elisabeth ; peinture sur soie d'après la dernière photographie de Ludwig Angerer, 1868/69.

Ce n'est qu'après sa mort tragique que l'on se rend compte que l'on peut peut-être tirer parti de l'histoire de cette jeune princesse devenue impératrice plus au moins du jour au lendemain et contre son gré et qui, ivre de libertés, a refusé de se plier aux obligations de la cour et a tout de même réussi à se libérer de ses chaînes et à se forger une personnalité. L'image erronée d'une impératrice bienveillante et charitable commence alors à circuler, occultant sa personnalité ambivalente, égocentrique et narcissique.

Au terme d'une longue absence de Vienne, l'impératrice Elisabeth est enfin rentrée de Bad Schwalbach et est arrivée hier matin à la gare de Penzing accompagnée de son grand chambellan, le comte Bellegarde, de sa dame d'honneur la comtesse Sztaray, et de sa suite. L'empereur, arrivé un quart d'heure environ avant l'arrivée du train, flanqué d'un aide de camp, monta sur le perron. A l'arrivée du train, l'empereur s'approcha du wagon sur la plateforme duquel l'impératrice apparut. Elle semblait bien reposée de son séjour à Kissingen et Schwalbach ; elle portait une toilette de voyage simple et noire et un petit chapeau rond également noir, dont le voile était relevé. Notre Roi l'aida à descendre, la salua chaleureusement, ainsi que sa suite. Puis ils partirent aussitôt en calèche pour le château de Lainz où l'impératrice souhaite passer plusieurs semaines.

Journal Agramer Zeitung du 10 juillet 1879

Ou comme on pouvait lire dans le journal vénitien Wiener Bote lors du séjour de l'impératrice à Venise au cours de l'hiver 1861/62 :

C'est par un temps magnifique que Sa Majesté l'impératrice Elisabeth est arrivée au bord de l'Adriatique le matin du 26 du mois (novembre). L'accueil fut modeste mais d'autant plus chaleureux, tel qu'il échoit à une personnalité sympathique comme l'est Sa Majesté. Mais peut-être la foule, saluant l'impératrice de ses acclamations, faisait-elle simplement suite à l'appel de la municipalité.

Ou dans le journal Morgenpost, lors du séjour de l'impératrice à Sassetôt :

L'état de santé de Sa Majesté l'impératrice ne cesse de s'améliorer. Elle semble avoir repris des forces. Le directeur des chemins de fer, Ritter von Klauda, répondant à un appel télégraphique, vient d'arriver à Vienne. Il a pour ordre de conduire personnellement le train impérial ramenant l'impératrice de Normandie. Sa Majesté séjournera deux jours à Paris où elle préfèrera l'hôtel Bristol à l'Ambassade d'Autriche.

Journal Morgenpost du 21 septembre 1875

Si, du vivant d'Elisabeth, ses contemporains portent peu d'intérêt à cette "étrange" impératrice si réservée, ils découvrent vite, après sa mort, que l'on peut tirer profit d'une belle impératrice à la vie tout aussi tragique que sa mort. Des portraits, des pièces de monnaie à l'effigie de l'impératrice et autres souvenirs ne tardent pas à circuler sur le marché et faire l'objet de véritables collections. Mais à défaut de portrait fidèle d'Elisabeth, on utilise des montages photos qui sont retouchés de sorte à créer un personnage factice qui ne ressemble en rien à Elisabeth. On prend modèle sur la dernière photographie réalisée par Ludwig Angerer dans son atelier en 1868/69 alors qu'Elisabeth a une trentaine d'années. On vieillit artificiellement son visage, on modernise sa toilette et sa coiffure, et on obtient le portrait d'une impératrice telle qu'elle n'a jamais existé !

C'est à la même époque, vers 1920, que paraît le premier roman-feuilleton Kaiserin Elisabeth. C'est sur ces romans que reposera, pendant des années, l'approche historique de l'impératrice : il y est question de mariage d'amour romantique – ce qui ne fut certainement pas le cas, du moins en ce qui concerne Elisabeth –, d'une impératrice aimée et adulée par son peuple – ce qui ne correspond pas

davantage à la réalité. Pourtant – ou peut-être justement pour cette raison – ces romans ont un énorme succès et donnent quelques années plus tard l'idée à Ernst Decsey et Gustav Holm de la comédie « Sissys Brautfahrt » (« Le Voyage de Noces de Sissy »), qui servira de modèle à Ernst et Hubert Marischka pour leur opérette « Sissy », dont la première a lieu en 1932. Et c'est exactement vingt ans plus tard que Marischka en fait le film culte qui fera connaître et immortalisera la jeune et ravissante Romy Schneider.

« La jeune impératrice », dessin à la plume pour un roman feuilleton sur Elisabeth dans le journal « Kleines Volksblatt », 25 septembre 1933.

A droite : Affiche de film du troisième volet des « Sissi » d'Ernst Marischka.

Page ci-contre :
En haut : Scène de « Sissi »
Au centre : Scène de « Sissi face à son destin »
En bas : Scène du film de 1931 « Elisabeth d'Autriche » d'Adolf Trotz avec Lil Dagover dans le rôle de l'impératrice Elisabeth.

Elisabeth sur la Scene et a l'Ecran

Dans les premiers films des années vingt et trente, Elisabeth ne joue qu'un rôle secondaire aux côtés de François-Joseph ou du prince héritier Rodolphe. Elle n'y est donc pas représentée jeune et jolie mais comme une femme mûre. Ce n'est que dans les années cinquante avec la trilogie des « Sissi » d'Ernst Marischka qu'Elisabeth devient la Sissi adorée du monde entier. La jeune comédienne Romy Schneider contribue d'ailleurs pour

beaucoup à cette image factice de la jeune et jolie impératrice romanesque. C'est elle qui l'incarne encore aujourd'hui. Et ce n'est pas un hasard si la troisième partie de la trilogie s'achève là où Elisabeth cesse de jouer son rôle d'épouse et d'impératrice pour mener sa vie comme elle l'entend. Cette période-là de sa vie ne correspondant plus à l'image de l'épouse fidèle, de la mère dévouée, de l'impératrice bienveillante envers son peuple qui le lui rend bien, on comprend que le film ne l'évoque pas.

C'est la raison pour laquelle on a retenu de la vie d'Elisabeth uniquement l'histoire d'amour romantique, et d'elle uniquement l'image propre et bien polie de Sissi, et c'est ce qui explique pourquoi on a tendance à croire qu'elle est morte jeune. C'est parce qu'on ignore tout de sa vie passés trente ans.

Romy Schneider se glissera à nouveau dans le rôle de l'impératrice Elisabeth pour le film « Ludwig » de Luchino Visconti. Mais elle y joue une Elisabeth capricieuse et hautaine à l'opposé de la charmante Sissi des années cinquante. Mais le film de Visconti, tourné en 1972, étant axé sur le cousin d'Elisabeth, Louis II. de Bavière, l'impératrice n'y fait qu'une brève apparition.

Partons donc à la découverte de la véritable histoire d'Elisabeth !

Les Debuts

En haut : Arrivée de la fiancée impériale à Linz ; Lithographie de Josef Edelbacher, 1854.

Page ci-contre : Elisabeth à l'âge de quinze ans ; Photographie d'Alois Löcher, 1852/53.

La Jeunesse en Baviere

Elisabeth est née le 24 décembre 1837 à Munich ; elle est la fille de Maximilien (dit Max), duc en Bavière, et de Ludovica, fille du roi de Bavière. Elisabeth – que l'on appelle simplement Sisi au sein de la famille – ressemble beaucoup à son père, ce duc proche du peuple : elle partage son amour de la nature, sa passion de l'équitation et des voyages. Sisi grandit à Munich et dans le château de Possenhofen, au bord du lac de Starnberg, jouissant d'une liberté et d'une indépendance certaines, bien loin de l'étiquette, du cérémoniel et des obligations de la cour. Sa saison préférée c'est l'été où elle retrouve tous ses frères et sœurs à « Possi » (pour Possenhofen) : Louis, Hélène (dite Néné), Charles-Théodore (dit Gackel), Marie, Mathilde (dite Spatz), Sophie et Max-Emmanuel (dit Mapperl). Ensemble ils s'adonnent aux plaisirs de la nature, randonnées et baignades. Cette vie d'insouciance n'est rendue possible que parce que la lignée des Wit-

telsbach à laquelle appartient son père n'occupe aucune fonction à la cour de Munich. Le mariage de ses parents n'est pas un mariage heureux. Ils sont de tempéraments opposés et leurs centres d'intérêts diffèrent. L'unique souci de la duchesse Ludovica est l'éducation de ses enfants. Sisi restera très attachée à sa mère et ses frères et sœurs sa vie durant. Le duc Max ne s'intéresse pas à sa progéniture légitime et leur préfère ses maîtresses et leurs enfants. A quinze ans, Sisi tombe amoureuse du comte Richard S. qui est au service du duc et ne peut donc entrer en compte pour une éventuelle alliance. Il est envoyé en mission, tombe malade et succombe à sa maladie peu de temps après. Sisi, inconsolable, écrit ses premiers poèmes d'amour mélancoliques.

En haut : La duchesse Ludovica en Bavière, Aquarelle de Bodo Winsel, 1848.

Au centre : Le duc Max en Bavière, vers 1850.

En bas : Gants d'Elisabeth enfant.

Page ci-contre :
En haut : Château de Possenhofen au bord du lac de Starnberg, 1854.

En bas : Sisi à onze ans, avec son frère préféré Charles-Théodore (dit Gackl), 1849.

Les Fiançailles a Bad Ischl

Au cours de l'été 1853, Sisi accompagne sa mère et sa sœur aînée Hélène, dite Néné, à Bad Ischl pour y fêter le 23e anniversaire de son cousin, le jeune empereur François-Joseph. La véritable raison de ce voyage est en fait le projet de mariage que fomentent la mère de Sisi et celle de François-Joseph, qui sont sœurs. François-Joseph doit se fiancer avec Néné, c'est tout du moins ce que les deux mères ont prévu. Mais il en adviendra autrement. En effet, à leur arrivée à Bad Ischl, leurs bagages n'y sont pas. Ne pouvant se changer, Néné est nerveuse et tendue car elle a tout misé sur sa toilette, alors que Sisi, fidèle à son naturel, ne s'en soucie guère. François-Joseph tombe alors éperdument amoureux de Sisi, au point de déclarer : *Comme Sisi est jolie, fraîche comme une amande à peine ouverte ! Avec sa splendide couronne de cheveux qui encadre son visage ! Avec ses yeux si doux, si tendres et sa bouche pareille à une fraise !* Pour la première fois, François-Joseph écoute parler son cœur et choisit Elisabeth. Dès le lendemain, François-Joseph la demande en mariage. Lorsqu'on en parle à Sisi, elle éclate en sanglots : *Comment peut-il s'intéresser à moi ? Je suis insignifiante ! – Cet empereur, je l'aime tant ! Si seulement il n'était pas empereur !*

En haut : Bad Ischl vers 1850.

En bas : Bouquet de roses en porcelaine, cadeau de réconciliation de l'empereur François-Joseph à sa fiancée ; on ignore les raisons de ce geste.

Les fiançailles officielles ont lieu le 19 août. Sisi est terriblement intimidée par toute l'attention qu'on lui porte. Elle ne dit rien – François-Joseph par contre ne peut cacher son bonheur. Même sa mère, la grande-

Page ci-contre : Elisabeth lors de ses fiançailles ; elle tient dans la main une miniature de l'empereur François-Joseph.

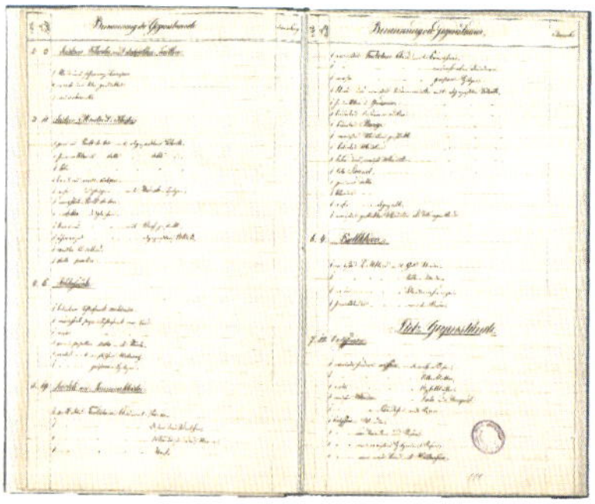

Trousseau d'Elisabeth. Le trousseau était composé de parures, d'objets en or, de bijoux, d'argenterie et de toilettes, mais restait modeste pour une impératrice.

duchesse Sophie manifeste de la compréhension pour la jeune fille effarouchée, et elle ne s'oppose pas, comme on a pu le prétendre, au choix de son fils. Au contraire, lors de la première apparition du couple en public, au bal d'anniversaire de François-Joseph, elle se réjouira de savoir son fils heureux et ira jusqu'à décrire Sisi comme *un bouton de rose qui s'ouvrirait aux rayons du soleil … si charmante, si simple, si gracieuse, en un mot, irréprochable.*

Après les fiançailles à Ischl, Sisi rentre en Bavière où s'organisent aussitôt les préparatifs du mariage. On prépare avant tout Sisi à son futur rôle d'impératrice d'Autriche, ce qui ne fait qu'augmenter la peur et le malaise de Sisi face à la cour de Vienne. Elle comprend alors qu'en se fiançant elle vient d'entrer sur la scène de l'Histoire et elle sait qu'elle vient en même temps de perdre sa liberté.

Elisabeth parée de lierre ; Amanda Bergstedt d'après Franz Schrotzberg.

« Oh Seigneur, quel beau Rêve ! »

Très peu de robes d'Elisabeth sont à ce jour conservées. Mais l'une d'entre-elles est célèbre : il s'agit d'une robe qu'Elisabeth portait probablement lors du bal d'adieu qu'on donna à Munich avant son départ pour Vienne, le 20 avril 1854. La robe se trouve aujourd'hui au Musée des Beaux-Arts de Vienne mais ne peut malheureusement plus être montrée au public pour des raisons de conservation. Mais à l'occasion de l'inauguration du Musée Sisi dans les appartements impériaux de la Hofburg en avril 2004, une copie de cette robe insolite a été réalisée et y est exposée. Lors des recherches pour la réalisation on a confié l'analyse des broderies orientales de la robe

A gauche : Robe de l'impératrice Elisabeth, dite « robe du bal des adieux », copie du musée Sisi d'après un original se trouvant au Musée des Beaux-Arts de Vienne.

En bas : L'étole qui accompagne la robe, brodée du sceau de Sultan et de l'inscription en langue ottomane.

Elisabeth fait ses adieux à Munich le 20 avril 1854 ; Lithographie d'Anton Ziegler.

et de l'étole à l'Institut de langues arabes de l'Université de Vienne.

Le résultat est surprenant : il ne s'agit pas de simples arabesques mais d'une « tugra » – un ancien sceau de Sultan – ainsi que d'une inscription en langue ottomane qui a alors été traduite pour la première fois et signifie : «Oh Seigneur, quel beau rêve ! » Expression qui en dit long sur le personnage. Ne disposant d'aucun témoignage écrit sur cette robe, il nous est impossible de savoir quand, où et dans quelles circonstances la robe a été réalisée.

Une hypothèse paraît plausible : il est possible que ce soit le père d'Elisabeth, le duc Max en Bavière, qui était un grand voyageur et se passionnait pour l'Orient au point de publier en 1839 un livre sur ses voyages en Orient, qui ait fait faire ce tissu pour l'occasion particulière ou l'ait ramené d'un voyage. Toutefois, il était d'usage dans l'empire ottoman d'offrir à des hôtes de marque des tenues

de cérémonie, l'inscription ne se rapporte donc pas forcément à l'événement du mariage à venir puisqu'on retrouve aussi ce sceau de sultan comme élément décoratif dans la culture ottomane, par exemple sur des assiettes ou des chandeliers.

En haut : Arrivée d'Elisabeth à Vienne le 22 avril 1854 ; Lithographie de Vinzenz Katzler.

En bas : Contrat de mariage daté du 4 mars 1854.

Les Noces a Vienne

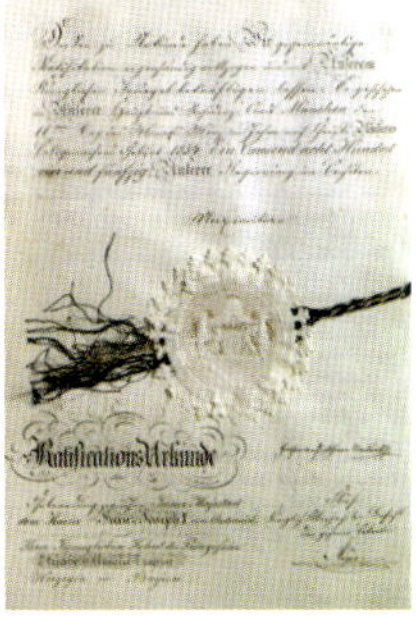

Ce ne fut pas un mariage de rêve. Plus la date fatidique approche, et plus Elisabeth se referme sur elle-même. Le départ de Bavière a été pour elle une véritable déchirure. Accompagnée de ses parents, elle descend le Danube de Straubing jusqu'à Vienne où ils arrivent le 22 avril 1854. Elle a beau avoir été préparée aux cérémonies de la cour, lorsque, le lendemain, un carrosse tiré par huit lippizans la mène de Schönbrunn à la Hofburg dans le

A gauche : Faire-part de mariage du couple impérial.

En bas : Cérémonie de mariage en l'église Saint-Augustin le soir du 24 avril 1854 ; Lithographie anonyme.

Page ci-contre : Présentation de la cour à l'impératrice.

centre de Vienne, elle n'offre aux Viennois en liesse qu'un visage contrit, apeurée et bouffi de larmes. L'accueil chaleureux de la famille impériale réunie la rassure quelque peu. Sophie écrira dans son journal : *Sisi est adorable […] elle sait très bien se tenir, elle est empreinte de grâce et de noblesse.*

Le mariage a lieu le soir du 24 avril 1854 dans l'église des Augustins. L'église est superbement décorée et éclairée de quinze mille bougies. Le faste monarchique est à son comble. L'archevêque cardinal Rauscher qui est maître de cérémonie est assisté de soixante dix évêques et prélats.

Elisabeth se sent dépassée par toutes ces festivités, par tous ces regards rivés sur elle et par la pression de son entourage. Lors de sa première réception dans sa nouvelle fonction à la Hofburg, épuisée, elle doit quitter la salle en larmes.

La Parure de la Mariee

Longtemps on a dû se contenter de spéculer sur la robe et la parure d'Elisabeth lors du mariage, car il n'existe ni tableau ni description des époux. Jusqu'à ce que, dans le cadre des recherches pour le musée Sisi, l'on fasse, dans le trésor de la chapelle de pèlerinage d'Altötting en Bavière – qui, étant un lieu de pèlerinage de la dynastie des Wittelsbach contient de nombreuses offrandes – une découverte : la parure originale du mariage de l'impératrice Elisabeth.

C'est une simple couronne de fleurs faite de fils d'or, d'une broche et de deux peignes qui se fixaient dans les cheveux derrière l'oreille, servant ainsi également de boucles d'oreilles. Elisabeth n'était donc pas parée de mille bijoux et pierreries pour son mariage, mais portait simplement une fine couronne de fleurs comme l'exigeait la tradition catholique de la maison des Habsbourg, ce qui correspondait d'ailleurs mieux à sa personnalité.

En haut : Le jeune couple impérial ; Lithographie d'Eduard Kaiser, 1856.

A droite : Parure de mariée de l'impératrice Elisabeth ; elle se trouve aujourd'hui dans le trésor de la chapelle de pèlerinage d'Altötting en Bavière.

Il est noté dans les annales de la chapelle d'Altötting que c'est Konrad de Bavière, le fils cadet de la fille aînée d'Elisabeth, Gisèle, qui a offert la parure à la chapelle de pèlerinage, déclarant que sa grand-mère, Elisabeth, l'aurait portée lors de son mariage, ainsi que sa mère, Gisèle, lors de son mariage avec Léopold de Bavière.

La situation politique – la guerre de Crimée bat son plein – ne permet pas de voyage de noces. Les jeunes mariés passent officiellement leur lune de miel dans le château de Laxenburg, au sud de Vienne. Mais François-Joseph part tôt le matin pour des séances de travail à la Hofburg ou à Schönbrunn et rentre tard le soir. Elisabeth se sent seule, elle a le mal du pays. Quelques jours seulement après son mariage, elle écrira le 8 mai 1854:

Pluvial orné des broderies d'argent de la robe de mariée de l'impératrice Elisabeth, moire et broderies (detail ci-dessous). La broderie a été décousue de la robe de mariée, qui avait été offerte à la basilique de pèlerinage de Maria Taferl après le mariage, pour être appliquée sur la chape qui est aujourd'hui exposée dans le trésor de la chapelle de pèlerinage.

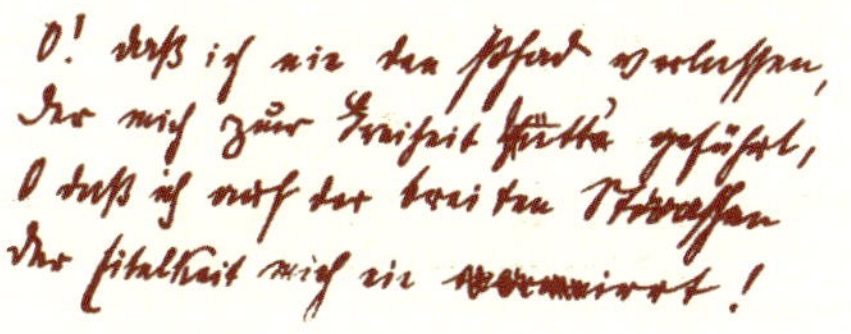
O! dass ich nie den Pfad verlassen,
Der mich zur Freiheit hätte geführt,
O dass ich auf der breiten Strassen
Der Eitelkeit mich nie verirrt!

O, puissé-je n'avoir jamais quitté le sentier
Qui m'aurait menée à la liberté.
O, puissé-je ne m'être jamais perdue
Sur les boulevards de la vanité !

Representation

En haut : L'impératrice Elisabeth et l'empereur François-Joseph (à gauche et à droite, à cheval), en compagnie du couple impérial français Napoléon III (debout à gauche) et Eugénie (au centre) à Salzbourg ; Photographie, vers 1867.

Page ci-contre : L'impératrice Elisabeth (dans la calèche) et l'empereur François-Joseph (à cheval), en compagnie du prince héritier Rodolphe et de son épouse Stéphanie, à Laxenburg ; Tableau de Karl Schwendinger, 1867.

François-Joseph et Elisabeth devant la gloriette du parc de Schönbrunn ; Ignatz Lechleitner, vers 1854/55.

A la Cour de Vienne

Dès le début, Elisabeth se sent mal dans ce nouveau rôle mais s'efforce tout de même de répondre aux attentes. Mais c'est à contrecœur qu'elle remplit ses devoirs d'impératrice, qu'elle subit les réceptions, le cérémoniel de la cour, la rigidité de la hiérarchie et les intrigues de la cour de Vienne. Elle est sans cesse entourée de dames de compagnie – des dames de la haute aristocratie dont elle se sent toujours observée, espionnée.

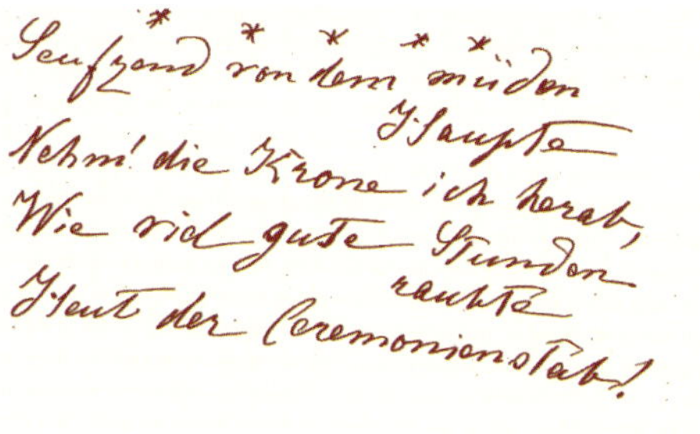
Seufzend von dem müden Haupte
Nehm' die Krone ich herab,
Wie viel gute Stunden raubte
Heut der Ceremonienstab!

De ma tête lourde en soupirant
J'enlève la couronne ;
Que de bonnes heures m'a volées
Ce bâton de cérémonies !

Bal à la cour, 1887

Elle dit elle-même se sentir exhibée *comme un cheval harnaché.* Sisi souffre de plus en plus d'avoir perdu sa liberté :

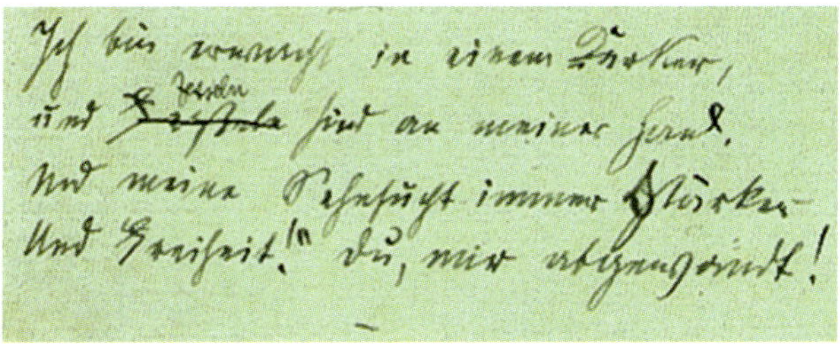
Ich bin erwacht in einem Kerker,
und Fesseln sind an meiner Hand.
Und meine Sehnsucht immer stärker
Und Freiheit! du, mir abgewandt!

Je me suis réveillée en prison
La main prise dans les fers
Et plus que jamais nostalgique
Toi, ma liberté, tu m'as été ravie !

8 mai 1854

La jeune impératrice commence à souffrir d'insomnies, de manque d'appétit et d'une toux chronique. En 1860, pour prévenir une maladie pulmonaire, elle est envoyée à Madère sur le conseil des médecins. Et la voilà libérée de ses obligations ; elle savoure pleinement cette vie loin du protocole de la cour. Elle prolonge son séjour pour rentrer le plus tard possible à Vienne. Elle part pour Corfou, puis Venise, Reichenau an der Rax et enfin Possenhofen – en prenant bien soin d'éviter de passer par Vienne.

Après deux ans d'absence, Elisabeth réapparaît à la cour de Vienne sous les traits d'une jeune femme métamorphosée : la charmante jeune fille mélancolique et timide s'est transformée en une beauté altière et triomphale. C'est de cette époque que datent les célèbres portraits de Franz Xaver Winterhalter, dont le plus connu est certainement celui de 1865 représentant Elisabeth en toilette d'apparat, des étoiles de diamants dans les cheveux.

Page ci-contre : L'impératrice Elisabeth en grande tenue de cour avec des étoiles de diamant ; Tableau de Franz Xaver Winterhalter, 1865.

Etoile de diamants de l'impératrice Elisabeth, original d'après les dessins du joaillier impérial de l'époque, Rozet & Fischmeister. Non seulement un jeu était composé de 27 étoiles de diamants, mais on sait à ce jour qu'Elisabeth en possédait au moins deux jeux.

On connaît aujourd'hui la version du joaillier impérial Jakob Heinrich Köchert, avec une perle montée au centre de chaque étoile, et la version sans perle des joailliers impériaux Rozet & Fischmeister. Elisabeth offrit plus tard une partie des étoiles à ses dames de compagnie, étoiles qui sont aujourd'hui la propriété de leurs héritiers. Mais un jeu entier de 27 étoiles de diamants est resté dans la famille impériale. On les retrouve par exemple sur une photographie qui montre le trousseau de l'archiduchesse Elisabeth (dite Erzsi), fille de l'archiduc Rodolphe, pour son mariage avec le prince Otto Windisch-Graetz en 1902.

De retour à Vienne, Elisabeth est à nouveau confrontée à son malaise face à la vie de cour et essaie de coucher ses rancœurs sur le papier. Elle écrit des poèmes corrosifs dans lesquels elle règle ouvertement ses comptes avec la famille impériale et critique directement la cour viennoise, son hypocrisie, sa bigoterie, son outrecuidance.

Ci-dessous : Le jeune couple impérial à Venise ; Anton Einsle, 1856.

Mais mon corps seul se repose ;
Car mon esprit déjà éprouvé
Est soumis à plus rude encore
Et gavé de racontars viennois.

Voici donc s'avancer les plus grands noms
Et la fleur de notre aristocratie,
Les dames du palais décorées de la Croix Etoilée ;
(Elles sont grasses et souvent bêtes).

Ah ! Je vous connais par cœur !
Vous qui vous gaussez de moi
Depuis ma première jeunesse
Vous, les bigots hypocrites.

Sur les autres jeter la pierre,
Ah ça, pour sûr, vous savez faire !
Votre auréole n'est qu'artifice
Et votre générosité factice …

Bal à la cour, 1887

Ci-dessous : Détail de l'étole de dentelle noire de l'impératrice Elisabeth, qu'elle porte sur le tableau d'Anton Einsle.

Allons, Titania,
Pare-toi de diamants !
C'est aujourd'hui dimanche,
C'est le jour des parents …

Arrive en tout premier
Le plus jeune des frères
D'Obéron (il n'y a pas plus fumier
Sur la terre tout entière).

Dans son corps avachi
Et sans cesse malade
Sommeille un être simiesque
Qui ne sait que mentir.

Son métier c'est
Salir les réputations ;
Qui tombe entre ses mailles
Est perdu à jamais.

Voyez ces vieilles tantes,
Cousins, en ribambelle,
Dans leurs têtes, bouffies d'orgueil,
Il n'est plus place pour la cervelle.

Voyez celle-ci qui est pansue
Et grasse, comme une vache suisse,
Mais se croit dans sa fierté,
Plus belle que nature.

Et celle-là, qui est laide
Comme une sorcière,
Est méchante comme un pou,
Médisante, venimeuse.

De l'épouvantail elle a
L'accoutrement, le toupet,
Et quand elle rit on voit
Sa tête désarticulée ! …

Repas de famille, 1887

Elisabeth passe de moins en moins de temps à Vienne, est pratiquement absente des représentations officielles qu'exigerait son rang et dépense des sommes astronomiques pour ses divertissements que sont l'équitation et les voyages. Son désintérêt des affaires publiques déplaît. Alors que l'inauguration du Grand Opéra a été reportée au dernier moment pour qu'elle puisse y assister parce qu'elle n'est pas rentrée de Hongrie comme prévu, elle n'y assiste pas pour « indisposition ». L'opinion publique voit d'un mauvais œil cette impératrice fantasque et on commence à jaser. Mais Elisabeth n'en a cure d'autant plus que François-Joseph continue à soutenir sa femme.

Les noces d'argent des époux impériaux en 1879 sont l'occasion de recibler le tir. François-Joseph prie sa femme

Reconstitution des rubis de l'impératrice Elisabeth.
Les rubis faisant partie des joyaux de la couronne des Habsbourg dont on a perdu la trace depuis 1918, certaines pièces ont été refaçonnées pour le Musée Sisi, grâce au sponsor Swarovski, d'après des tableaux et des récits de l'époque. Ils sont taillés dans du véritable cristal Swarovski. Il s'agit là de la parure du couronnement en Hongrie, d'un jeu de ses fameuses étoiles d'argent ainsi que de la parure de rubis refaçonnée pour Elisabeth en 1854 composée d'un diadème, d'un collier et d'un corsage.
La parure de rubis qu'Elisabeth porte sur le tableau de Georg Raab était à l'origine le cadeau de mariage de Marie-Thérèse à sa fille Marie-Antoinette lors de son mariage en 1770 avec l'héritier du trône de France, le futur Louis XVI. Quelques années plus tard, en 1801 (ou 1787 selon les sources), on retrouve les bijoux parmi les joyaux de la couronne à Vienne. Le premier novembre 1918, ils quittèrent leur vitrine (numéro XIII) pour être emportés en Suisse avec d'autres joyaux par l'administrateur général des finances de l'empereur Charles Ier, le comte Léopold Berchtold. En 1919 on prend contact avec le joaillier suisse Alphonse de Sondheimer (qui avait été anobli par Charles Ier en 1921) afin de vendre les bijoux. Sondheimer note dans ses mémoires une description détaillée des bijoux et précise que, les bijoux étant invendables tels quels, les pierreries ont été desserties et vendues séparément. Jusqu'à ce jour, la famille des Habsbourg dément ces propos et prétend que les joyaux en question leur ont été volés pendant leur exil.

d'apparaître à ses côtés, et Elisabeth accepte par amour pour lui. L'événement est fêté en grande pompe. Elisabeth apparaît, éblouissante de beauté, de grâce et de charme. Elle assiste à toutes les festivités, y compris au long défilé de représentants des provinces, de diplomates, de monarques étrangers, qui viennent présenter leurs hommages, ainsi qu'à toutes les réceptions qui durent trois jours. Pourtant, recevoir ces nombreux hommages s'avère particulièrement éprouvant : elle doit rester debout pendant des heures et répéter des centaines de fois la même formule protocolaire de remerciement. Mais la presse notera bien la présence et l'assiduité de l'impératrice qui ne s'assoie que de temps en temps sur un fauteuil disposé pour elle dans l'encoignure d'une fenêtre. Les festivités atteignent leur apogée avec la soirée à la Hofburg où sont invitées cinq mille personnes : *L'impératrice est apparue à neuf heures et demie au bras de l'empereur …*

Page ci-contre :
Elisabeth parée de rubis, Georg Raab 1879.
Le tableau a été réalisé à l'occasion des noces d'argent et est le dernier portrait de l'impératrice pour laquelle elle ait posé.

A droite : Bal de la cour en 1886 dans la salle de cérémonie de la Hofburg ; d'après un dessin de Wilhelm Gause.

En bas : L'impératrice Elisabeth lors du Mandatum du Jeudi saint ; gravure sur bois d'après un dessin de Vinzenz Katzler.

ce qui annonçait pour les hôtes le moment de se rassembler dans la salle des chevaliers. L'empereur, vêtu de son uniforme de maréchal, accompagna l'impératrice jusqu'au milieu de la salle, où elle s'entretint avec des invités tandis que l'empereur faisait le tour de la salle, suivi des archiducs et des chevaliers. La toilette de l'impératrice était ravissante. Elle portait une robe au corsage fermé de satin gris perle, un surtout de gaze blanche et une longue traîne. La robe était parsemée de broderies d'argent. La traîne était chargée de feuilles de palmier superbement brodées. Et son corsage était garni de diamants et de rubis qui brillaient de mille feux, ainsi que sa ceinture et son collier qui était composé de trois rangées de diamants et de rubis. Au milieu des rubis du diadème brillait un énorme diamant.

Elisabeth a donc accepté de jouer son rôle par amour pour François-Joseph. Mais ce sera sa dernière apparition.

Erzsébet királyné
Elisabeth, Reine de Hongrie

En bas à gauche : Elisabeth dans la robe du couronnement de reine de Hongrie ; Georg Raab 1867.

En bas : Couronne de diamants de l'impératrice Elisabeth. C'est cette couronne de diamants et de perles surmontée d'une croix que portait Elisabeth lors du couronnement de 1867. Un grand nombre de diamants proviennent d'une couronne de Marie-Thérèse qui fut aussi portée par ses héritières mais chaque fois retravaillée. La couronne fait partie des joyaux, emportés par l'empereur Charles, qui auraient été volés.

Elisabeth sait miser sur le pouvoir de sa beauté pour arriver à ses fins. Ce n'est pas que la politique l'intéresse vraiment, mais il lui arrive un jour de s'immiscer dans les affaires d'État de son mari pour prendre le parti de la Hongrie. Elisabeth aime le tempérament fier et fougueux du peuple hongrois, qui, depuis la répression de la révolution de 1849, est sous le joug absolutiste de l'Autriche. C'est grâce à sa dame de compagnie préférée des débuts, Caroline Hunyady dite "Lilly", qu'elle apprend à connaître ce pays. En 1863 elle commence à apprendre le hongrois, et en 1864 elle prend comme lectrice une jeune fille hongroise qui, contrairement au protocole, n'est pas de milieu aristocratique. Ida Ferenczy deviendra sa plus proche confidente et amie. Comme elle est aussi

Hongrie, Hongrie, terre chérie !
Je connais le poids de tes chaînes
Que ne puis-je te tendre la main
Et te sauver de l'esclavage !

Que ne puis-je te donner un roi !, 1886

Elisabeth en reine de Hongrie, photographie d'époque d'Emil Rabending, 1866. Cette série de photos a été prise en 1866, quelques mois avant le couronnement.

proche des libéraux hongrois Gyula Andrassy et Franz Deak, on suppose que c'est elle qui les a présentés à Elisabeth.

Elisabeth devient alors une fervente porte-parole des intérêts hongrois, et les Hongrois mettent en elle tous leurs espoirs, car elle est leur premier contact avec un membre de la famille impériale depuis Marie-Thérèse. Et c'est certainement à elle qu'ils doivent la signature par François-Joseph du compromis reconnaissant les droits historiques des Hongrois et donnant naissance à l'Empire austro-hongrois. Et en 1867, dans l'église Saint Mathieu de Budapest, Elisabeth et François-Joseph sont couronnés reine et roi de Hongrie.

Couronnement d'Elisabeth le 8 juin 1867 dans l'église Saint Mathieu : On lui touche l'épaule droite avec « la sainte couronne » de Saint Etienne. Elle porte la couronne de diamants représentée à la page 47.

La Vie de Famille

L'impératrice Elisabeth jeune maman ; Aquarelle de Josef Kriehuber, 1858.

Sophie, la première fille d'Elisabeth et François-Joseph, naît en 1855. Gisèle en 1856. Eclate alors un conflit avec sa belle-mère l'archiduchesse Sophie au sujet de l'éducation des enfants. Elisabeth veut s'en occuper elle-même et non les abandonner à sa belle-mère dans une nursery à l'autre bout du château. Elle veut les prendre avec elle quand elle part en voyage, ce à quoi s'oppose l'archiduchesse qui trouve les voyages trop fatigants et dangereux. Ce n'est pas par méchanceté que l'archiduchesse Sophie "confisque" les enfants à Elisabeth, elle se soucie simplement de respecter la tradition des Habsbourg pour qui la place de l'impératrice est aux côtés de son époux, ce qui ne le lui laisse pas le temps de s'occuper des enfants. Elisabeth insiste et force François-Joseph à écrire la lettre suivante à sa mère :
… Après mûre réflexion et après en avoir parlé avec Sisi,

je suis à présent persuadé qu'il serait plus profitable que les enfants aménagent dans la suite Radetzky … vous devinerez sans peine, chère Mère, les raisons de cette décision. Je vous prierais également de bien vouloir être indulgente avec Sisi qui peut vous paraître trop possessive, elle n'en est pas moins une épouse et mère très dévouée ! J'en appelle à votre grâce et votre obligeance : nos propres enfants sont cloîtrés dans vos appartements, et lorsque nous montons les étages, il ne nous est pas donné de les voir dans l'intimité car il se trouve

« La toute puissante famille impériale », photographie de Ludwig Angerer, 1859. Ce n'est pas un hasard s'il n'existe qu'une seule photo d'Elisabeth avec toute sa famille. On y voit Elisabeth assise, Rodolphe sur les genoux, à côté d'elle Gisèle, l'archiduchesse Sophie et l'archiduc François-Charles. Et debout, de gauche à droite, François-Joseph, Ferdinand-Maximilien (futur empereur du Mexique) et son épouse Charlotte, le frère puîné de François-Joseph, Louis-Victor et enfin Charles-Louis. Contrairement à François-Joseph, Elisabeth ne se fera jamais photographier avec un ou plusieurs de ses enfants. Mais pour donner à l'extérieur l'image d'une famille « normale », on réalise des montages photographiques de la famille impériale (voir aussi page 52).

toujours quelque visiteur dans leur entourage, à qui vous les exhibez – tout ceci étant très éprouvant pour la santé de Sisi et une perte de temps pour moi.

Sophie cède et les enfants déménagent. Mais en 1857 se déroule un drame. Elisabeth a réussi à arracher ses filles à sa belle-mère pour un voyage en Hongrie. Mais les deux fillettes tombent malades de fièvres et de diarrhées et, tandis que la petite Gisèle se remet lentement, Sophie succombe à la maladie. Elle a juste deux ans. Elisabeth, désespérée, se sent responsable et abandonne le combat de l'éducation des enfants à sa belle-mère.

Alors Gisèle et Rodolphe, dont l'éducation est prise en charge par leur grand-mère, lui échappent. Et jamais Elisabeth ne sera aussi proche de ses propres enfants qu'elle ne l'a été de ses parents et de ses frères et sœurs. A l'exception de sa cadette Marie-Valérie.

Rodolphe, le Prince heritier

Elisabeth entretient des rapports très ambivalents avec son seul et unique fils, né en 1858, Rodolphe. Pour l'empereur François-Joseph il est clair que son fils et héritier doit embrasser la carrière militaire. D'ailleurs il le nomme à la tête du 19ème régiment d'infanterie dès le lendemain de sa naissance, le 21 août 1858. Rodolphe est donc sous la coupe de son père dès sa naissance. A deux ans il porte son premier uniforme. A trois ans et demi il doit accompagner son père à des revues militaires. Pour l'endurcir (il appelle son fils « das Krepierl », qu'on pourrait traduire par « la mauviette ») et le préparer à sa future carrière, il ordonne une éducation militaire à la dure qui ne réussira à faire de lui qu'un enfant maladif,

Le prince héritier Rodolphe ; Photographie de Josef Albert, vers 1873.

qui vit dans la peur et l'angoisse. Cette éducation sera décisive pour sa vie future.

Son précepteur, le comte Gondrecourt, dénué de toute sensibilité psychologique, lui fera subir ses méthodes draconiennes du style douches et bains d'eau glacée, exercice physique par tous les temps (Rodolphe n'a que sept ans !) ou réveils nocturnes en fanfare par des tirs de pistolet.

Elisabeth, qui est en voyage les premières années de la vie de Rodolphe, n'a en fait qu'un contact épistolaire avec ses deux enfants.

Ci-dessus : L'archiduchesse Gisèle et le prince héritier Rodolphe à Venise ; Photographie de Julie et Fritz Vogel, 1861/62.

Page ci-contre : Tableau de famille réalisé à l'occasion des fiançailles de l'archiduchesse Gisèle et du duc Léopold de Bavière (debout à droite) ; Photographie colorisée d'après une aquarelle d'Emil von Hartitzsch.

Mon cher Rodolphe,

On me dit que tu m'en veux de ne pas t'avoir écrit. C'est que je te croyais trop petit pour comprendre, mais il est vrai que tu es un grand maintenant. Je te rapporterai beaucoup de beaux jouets. Tu te souviens de moi, au moins ? Mon chéri, je t'embrasse du fond du cœur,

Ta maman.

Lettre de Madère, 1861

Mais quand Elisabeth revoit Rodolphe au terme d'une longue absence en 1865, elle le trouve tellement peureux et douloureux, qu'elle déclare les méthodes de Gondrecourt *trop dangereuses* et *propres à faire de l'enfant un imbécile.* Alors elle pose un ultimatum à François-Joseph : *Je souhaite que me soient réservés tous les pouvoirs en ce qui concerne les enfants, le choix de leur entourage, le lieu de leur séjour, l'entière direction de leur éducation,*

Photographie officielle des fiançailles du prince héritier Rodolphe et de la princesse Stéphanie de Belgique ; Atelier Geruzet Frères, Bruxelles, 1880.

en un mot, c'est à moi seule de décider de tout jusqu'à leur majorité. Elisabeth. Bad Ischl, le 24 août 1865.

François-Joseph cède et Elisabeth fait venir pour Rodolphe un nouveau précepteur plus versé dans la psychologie : le comte Latour. Ce sera lui qui chapotera le prince hériter jusqu'à la fin de ses études, en 1877. Le jeune Rodolphe voit en lui un père de substitution et une amitié les liera leur vie durant. Latour dispense à Rodolphe une éducation bourgeoise libérale qui fomentera en lui un tempérament libertaire et la haine du milieu aristocrate. Rodolphe s'entoure alors d'intellectuels libéraux, de chercheurs, ce qui lui vaut les reproches de la cour, cléricale et conservatrice. Par là même il se met à dos des cercles politiques influents. Ses sentiments politiques, aux antipodes de la cour, l'obligent à mener une vie secrète. Il doit coder sa correspondance et s'il publie des articles, c'est dans l'anonymat. Il s'efforcera pendant des années d'obtenir une fonction digne de ses compétences, mais son père n'aura de cesse d'ignorer sa requête. Sa vie privée n'en est pas plus satisfaisante. Il épouse en 1881 Stéphanie de Belgique, deux ans plus tard naît leur fille Elisabeth, dite Erzsi.

Malgré les tentatives des époux de construire une relation harmonieuse, leurs différents tempéraments et les nombreuses escapades de Rodolphe finissent bientôt par les éloigner. Sans parler d'une maladie sexuelle qu'il

La princesse héritière Stéphanie avec sa fille Elisabeth ; Photographie d'Othmar Türk, 1890.

transmet à son épouse. Stéphanie est d'une famille très catholique, elle est hautaine et elle aime, elle, les cérémonies de la cour. Rodolphe, lui, a tout de sa mère : il n'a de cure de l'origine sociale de ses fréquentations et se sent plus à l'aise dans un « Heuriger » qu'à la cour. Comme il a pratiquement grandi sans sa mère, il a un rapport plus étroit avec sa grand-mère et sa préceptrice qu'avec Elisabeth. Rodolphe réprouve l'égoïsme et l'exaltation de sa mère, ainsi que son mode de vie dépensier. Quant à elle, elle a du mal à vivre avec le caractère renfermé de son fils. L'entente ne règne pas non plus entre elle et Stéphanie.

En haut : La jeune baronne Marie Vetsera ; Tableau, environ 1889.

En bas : Le prince héritier Rodolphe sur son lit de mort ; 1889.

A partir de 1888/89, l'état de santé physique et mentale de Rodolphe commence à se dégrader. Le conflit ouvert avec son père et son manque de reconnaissance, l'échec de son couple, sa maladie incurable, ses nombreuses aventures, l'alcool et les drogues ont fait de cet homme de trente ans un être désespéré,

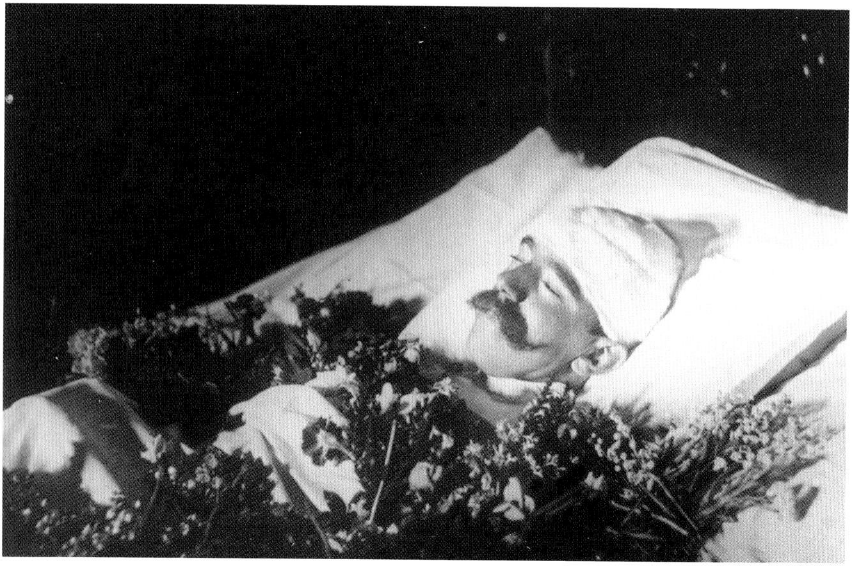

résigné, ravagé. Il écrit à son confident, le comte Latour : *J'ai devant moi l'abîme vers lequel nous nous précipitons, mais j'ai beau être une des pièces du rouage, je ne peux rien faire et n'ai pas même le droit de dire tout haut ce que je pense tout bas.*

Le 30 janvier 1889, dans le château de Mayerling, Rodolphe se suicide aux côtés de sa maîtresse de dix sept ans, la petite baronne Mary Vetsera, qui était prête à le suivre dans la mort.

Gisele et Marie-Valerie

Les rapports entre Elisabeth et sa fille aînée Gisèle ne sont pas non plus des plus chaleureux. D'une part parce que Gisèle n'est pas très jolie, d'autre part parce qu'elle tient plus de son père que de sa mère. Gisèle et Rodolphe, qui ont grandi ensemble, resteront en revanche très liés leur vie durant. En 1872, Gisèle, alors âgée de 16 ans, épouse le prince Léopold de Bavière, de dix ans son aîné, qui est le second fils du futur prince régent de Bavière Luitpold et de l'archiduchesse Augusta. Le couple vivra à Munich et aura quatre enfants. Elisabeth ne peut s'identifier au rôle d'épouse aimante et de bonne mère de famille que Gisèle joue volontiers. Elle, qui n'aime pas les réunions de famille, écrira à l'occasion du baptême de sa première petite-fille dans une lettre à Ida Ferenczy : *Vivement demain. Je me sens seule ici, sans personne à qui parler. Tu ne peux pas savoir comme tu me manques. Le baptême a eu lieu aujourd'hui. La mère et l'enfant sont d'une santé de fer,*

L'archiduchesse Gisèle et Marie-Valérie à Bad Ischl ; Photographie de Victor Angerer, 1871.

bien capables de devenir centenaires ... A la naissance de la deuxième fille de Gisèle, Elisabeth ira jusqu'à écrire à Rodolphe : *L'enfant de ta sœur est d'une laideur inimaginable, mais d'une vivacité qui amuse Valérie* ...

De tous ses enfants, Marie-Valérie, la plus jeune, née en 1868, l'année après le couronnement en Hongrie, est la seule à qui Elisabeth consacra de l'amour maternel. Elisabeth semble vouloir rattraper le temps perdu et jouer auprès de l'enfant son rôle de mère. Elle fait suivre Valérie partout, même lors de ses nombreux voyages, l'étouffant presque de son amour possessif, ce qui vaudra à Valérie le surnom de « L'unique ». Elle organise des bals pour enfants et des fêtes d'anniversaire. Valérie, elle, a mauvaise conscience vis-à-vis de ses frères et sœurs, d'être ainsi la préférée.

En haut : L'archiduchesse Gisèle ; Photographie Ed. Edlinger, 1872.

En bas : L'archiduchesse Marie-Valérie ; Photographie d'Emil Rabending, 1872.

En 1890, grâce à l'intervention de sa mère, Marie-Valérie épouse par amour l'archiduc François-Salvator, de la branche toscane des Habsbourg. Mais Elisabeth n'aura pas non plus d'amour de reste pour ses petits enfants nés de sa fille préférée, car ils lui rappellent son âge et sa jeunesse passée. Elle lui rend certes visite,

L'archiduchesse Marie-Valérie et l'archiduc François-Salvador ; Photographie Adéle, 1890.

entre ses nombreux voyages, apportant de nombreux cadeaux, mais ne reste que quelques heures. Valérie notera dans son journal : *Ella aime bien Maman, ce qui semble lui plaire ; d'ailleurs elle a été moins distante que je ne l'aurais cru.*

Les époux vivent essentiellement au château de Wallsee en Haute-Autriche. Ils auront dix enfants. En 1919, Marie-Valérie renonce officiellement à ses droits, ce qui l'autorise à conserver ses biens et à demeurer en Autriche.

La Fuite

Ci-dessus : L'impératrice Elisabeth en compagnie de la veuve de Napoléon III, Eugénie, à Cap Martin ; Photographie, vers 1895.

Page ci-contre : L'impératrice Elisabeth ; Photographie de Ludwig Angerer, vers 1860.

Sisi Ecuyere

Depuis toute petite, l'équitation est une des grandes passions d'Elisabeth. C'est son père qui lui a appris à monter. A Vienne, elle se met à pratiquer l'équitation avec acharnement jusqu'à devenir l'une des plus brillantes et plus courageuses cavalières d'Europe. Et parce qu'elle veut aussi apprendre la voltige, elle engage les célèbres écuyères du cirque Renz : Emilie Loiset et Elise Petzold. Mais ce qu'elle aime avant tout, ce sont les chasses à courre effrénées, auxquelles elle se livre d'abord dans son château de Gödöllő près de Budapest, où elle dispose de son propre manège, puis en Angleterre où elle consacrera de longues semaines à sa passion. John

Welcome écrit au sujet du premier séjour d'Elisabeth en Angleterre : *Elle adorait monter, c'est là qu'elle était au mieux de sa forme. On la voyait gaie et heureuse, et quand elle était heureuse elle se montrait généreuse, bienveillante, pleine d'égards – à l'opposé en fait de son image égoïste, introvertie et lunatique à la cour de Vienne.*

On avait engagé comme « mentor » l'un des meilleurs cavaliers d'Angleterre, l'officier écossais William George Middleton, dit « Bay ». Middleton est ébloui par le courage et les capacités physiques d'Elisabeth, et grâce à son entraînement, elle fait partie, lors de chasses à courre auxquelles participe une centaine de cavaliers, de la poignée qui parvient à atteindre le but, et en tout

En haut :
« Bay » Middleton, maître d'équitation d'Elisabeth lors de ses séjours en Angleterre en 1876 et de 1878 à 1881 ; Basile Nightingale.

Page ci-contre :
L'impératrice Elisabeth à cheval ; Gravure sur acier de Th. L. Alkinson, vers 1880.

cas la seule femme. Un témoin de ces chasses à courre écrit : *Jamais il n'y eut écuyère plus téméraire et à la fois plus gracieuse !* Elle renouvelle alors ses séjours en Angleterre et commence, aidée de Bay Middleton, à acheter à prix fort une collection de chevaux de race. Ses nombreux séjours en Angleterre finissent évidemment par susciter des ragots sur une soi-disant relation entre Elisabeth et Middleton. Lassée de ces rumeurs, Elisabeth mettra fin à ces séjours.

En haut : Eventail d'équitation en cuir de l'impératrice.

A droite : *L'impératrice fuyant le photographe*, c'est ce qu'on pouvait lire sous cette photographie de Baader des années 1870.

Vers la fin des années 1870, elle entend parler de courses encore plus dangereuses et éprouvantes en Irlande. Elle ira donc passer à plusieurs reprises quelques semaines dans le château de Lord Langford à Summerhill. Là, les courses d'obstacles auxquelles elle se livre la poussent parfois aux limites du possible. Sa dame de compagnie Marie Festetics, connaissant les dangers de ces courses, tremble pour l'impératrice, comme le prouve cette note dans son journal : "*Les barrières sont si hautes, les fossés si profonds, et puis ces murs de briques, ces banquettes irlandaises,*

tous ces obstacles, parfois doubles, ne sont bons qu'à se casser le cou. D'ailleurs je n'avais jamais autant entendu parler d'accidents de cheval qu'ici et je vois des blessés transportés tous les jours. Bayzand a fait une mauvaise chute, Middleton et Lord Langford sont passés par-dessus le cheval, et j'en passe. L'impératrice a d'excellents chevaux, en particulier Domino, un superbe moreau, qui, le premier jour, a emporté l'impératrice au grand galop, aux grands dams de Lord Spencer. Les pâturages étaient bardés d'obstacles, à donner le frisson. Tout le monde se demandait ce qui allait lui arriver. Elle a eu l'heureux réflexe de laisser faire le cheval, qui sauta quelques fossés, puis elle réussit à le maîtriser et à rentrer tranquillement au galop … j'en ai encore des frissons.

En haut : L'impératrice Elisabeth à cheval devant le château de Possenhofen ; d'après un tableau de Carl Piloty, 1853.

En bas : Selle pour dame de l'impératrice Elisabeth.

Elisabeth adore ces challenges, tout le monde admire son courage et son agilité, ce qui la conforte dans sa fierté d'être la seule femme (avec un selle pour femme !) à réussir de tels exploits sans pour autant jamais se blesser gravement. C'est dans ce domaine de l'exploit sportif que, pour la première fois, nous découvrons ce trait de la personnalité d'Elisabeth : la recherche du dépassement de soi et de la bravade du danger.

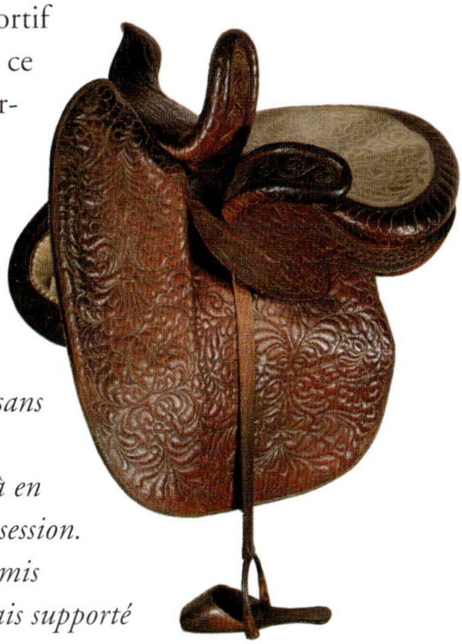

Elisabeth abandonne soudain l'équitation. Les raisons en seraient ses rhumatismes et des douleurs sciatiques, comme elle l'expliquera plus tard à sa dame de compagnie Irma Sztaray : *Tout à coup et sans raison, je n'ai plus eu le courage. Moi qui, hier encore, bravais le danger, j'ai commencé à en voir l'ombre dans chaque buisson, jusqu'à l'obsession. C'est la raison pour laquelle je n'ai jamais permis à Valérie de monter à cheval : je n'aurais jamais supporté de me faire sans cesse du souci pour elle.*

Le Culte de la Beaute

Comme elle est belle !, se serait exclamé, à l'encontre de toute étiquette, le shah de Perse reçu par Elisabeth en 1873. Les contemporains de Sisi, autant les hommes que les femmes, admirent sa remarquable beauté, mais c'est plus encore sa grâce, son charisme et le mystère qui l'entourent qui font parler d'elle.

Elle passe pour une des plus belles femmes de son temps, ce dont elle est d'ailleurs consciente. Elle consacre une grande partie de la journée à cultiver cette beauté.

C'est surtout son épaisse chevelure qui fait toute sa fierté. Ses cheveux, qui lui arrivent à la cheville, demandent deux à trois heures de soins par jour. Sa coiffeuse Franziska Feifalik (dite Fanny), ancienne coiffeuse du Burgtheater, joue un rôle prépondérant, puisque c'est à elle que l'on doit les superbes coiffures d'Elisabeth. Elle doit porter des gants blancs pour coiffer l'impératrice et n'a pas le droit de porter de bagues. Une fois la chevelure peignée, coiffée, tressée, fixée, les cheveux tombés doivent être rassemblés dans un plat en argent et montrés, chaque cheveu perdu valant un regard de reproches de la part d'Elisabeth, comme le rapporte, non sans humour, sa nièce Marie Larisch : *C'est que les cheveux de ma tante Sisi étaient numérotés.*

Tous les quinze jours, on lui lave les cheveux avec un mélange fait de jaune d'œuf et de cognac, ce qui prend tout une journée. On pense qu'avec l'âge elle se fait teindre les cheveux avec de l'indigo ou du brou de noix. Elle profite des heures de soins pour apprendre des langues étrangères, le Hongrois et plus tard le Grec ancien et moderne. Pour cette dernière, Elisabeth engage comme lecteur et professeur Constantin Christomanos, qui entretient également avec elle des conversations philosophiques. Voilà comment il décrit ces séance de coiffure : *Elle me dit 'comme les soins durent toujours près de deux heures, mes cheveux certes sont tout occupés, mais mon esprit s'ennuie. J'ai peur qu'il s'échappe par mes cheveux dans les doigts de ma coiffeuse. C'est pourquoi j'ai tant mal à la tête.' L'impératrice était assise à une table recouverte d'un linge blanc et placée au milieu de la pièce. Elle était enveloppée d'un grand tablier blanc en dentelle, ses cheveux détachés descendant jusque par terre et la recouvrant entièrement.*

Obsédée par sa légendaire beauté, Elisabeth s'essaie à diverses recettes, sans cesse renouvelées. Soit elle fait acheter les produits de beauté dans une pharmacie, soit une femme de chambre les concocte spécialement pour elle sur place, dans son appartement. Plus que les crèmes, c'est à l'action des eaux, des lotions et des décoctions qu'elle croit. Elisabeth n'utilise pour le visage qu'une simple crème qui vient de la pharmacie de la cour. Cette crème, appelée Crème Céleste, est composée de

En haut : Miroir à main de l'impératrice Elisabeth.

Page ci-contre: Elisabeth dans la lumière du matin, copie d'E. Riegele d'après un original de Franz Xaver Winterhalter, 1864. Rares sont les peintres pour qui Elisabeth a posé. Mais on sait que Franz Xaver Winterhalter, Franz Schrotzberg et Georg Raab en font partie.

cire blanche, de graisse de cachalot, d'huile d'amandes douces et d'eau de rose. Elisabeth et les dames de la cour apprécient également une autre crème, appelée Coldcreme (crème froide) en raison de ses vertus rafraîchissantes, et dont on a retrouvé la recette, à base d'huile d'amandes douces, de beurre de cacao et de cire d'abeilles. Le mélange huile-eau ne se faisant pas bien, l'eau s'évapore plus vite, donnant une impression rafraîchissante.

En haut : Recettes de beauté de l'impératrice Elisabeth.

En bas : Flacon de parfum de l'impératrice Elisabeth.

Page ci-contre : Elisabeth devant un ciel du soir ; Tableau de Franz Xaver Winterhalter, 1864.

Elisabeth utilise aussi beaucoup pour le visage l'eau de rose seule, qui aurait la vertu de prévenir les infections et les impuretés. Et elle essaie aussi des lotions à la camomille, à la lavande ou à la violette. Elle a même recours à des méthodes plus originales, comme des masques de fraises écrasées ou de viande de veau cru qu'elle s'applique pendant la nuit. Contrairement aux femmes de l'époque, Elisabeth, qui souhaite rester naturelle, se refuse à employer du maquillage ou du parfum ; seuls ses cheveux sont aspergés d'huiles aromatiques.

Et elle consacre encore plus de temps à son corps qu'à son visage. Elle prend des bains tous les jours, alternant entre bains de vapeur, bains parfumés et bains froids. Ce qu'elle préfère, ce sont les bains à l'huile d'olive chaude, qui rendent la peau douce et souple. La nuit, elle dort avec des linges trempés de vinaigre enroulés autour de la taille, pour conserver sa minceur. De préférence du vinaigre fait de violettes fraîchement cueillies, de poudre de racines de violettes, de vinaigre

de pommes et d'eau distillée. *Disposer les fleurs de violettes au fond d'un gros bocal et recouvrir de vinaigre de pommes. Bien fermer et laisser macérer deux jours. Puis filtrer à travers une passoire en écrasant les violettes avec une cuillère en bois. Réserver un peu d'eau distillée pour y diluer la poudre de racines de violettes. Ajouter au reste de l'eau distillée puis mélanger le tout énergiquement.*

Elisabeth dort surtout sans oreiller pour conserver sa droiture, et on prétend même, le cou entouré de linges imbibés de lotion au cumin, soi-disant tonique.

En haut : L'impératrice Elisabeth avec une écharpe bleue ; Franz Schrotzberg, 1862.

En bas : La table de toilette de l'impératrice à la Hofburg.

Ce culte de la beauté tourne à l'obsession, au point que sa nièce Marie Larisch dira d'elle : *Elle adorait sa beauté comme une païenne ses idoles, elle se prosternait devant elle. Elle éprouvait du plaisir rien qu'à la vue de son corps parfait ; elle haïssait tout ce qui pouvait enfreindre cette perfection.*

Bracelet noir de l'impératrice Elisabeth. Ce fin travail de ciselure date de 1880/1890. Il s'agit d'un camé de style antique représentant une bacchante. Elisabeth n'aime pas particulièrement les bijoux, et elle n'en porte que pour les représentations importantes. Pour ne pas être gênée lorsqu'elle monte à cheval, elle enlève toutes ses bagues, jusqu'à son alliance qu'elle s'accroche à une petite chaîne autour du cou. Elle ne porte non plus jamais de boucles d'oreilles, ses seuls bijoux sont en général de simples bracelets. On pense qu'elle a acheté ce bracelet-ci lors d'un voyage et qu'elle l'a ensuite offert à un membre de la famille.

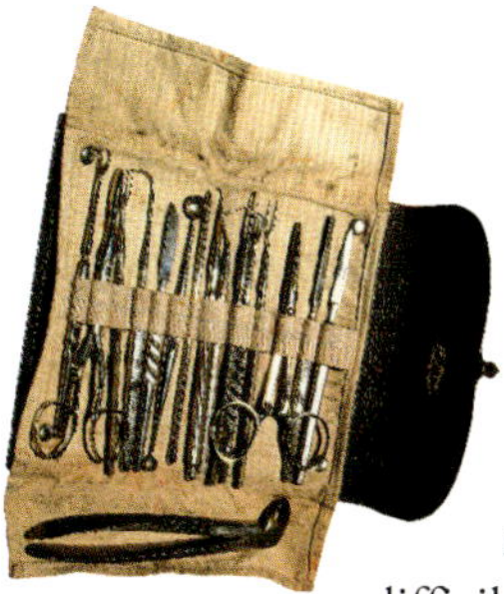

A gauche : Trousse du dentiste de l'impératrice.

Le seul défaut qu'elle se trouve, ce sont ses dents, qu'elle essaie sans cesse de cacher en ouvrant à peine la bouche quand elle parle, ce qui rend parfois les conversations difficiles. Mais contrairement à ce qu'on a pu prétendre, ce n'est pas en raison d'un manque d'hygiène. Au contraire, on sait aujourd'hui qu'elle se brossait les dents, qu'elle allait souvent chez le dentiste et qu'elle faisait venir régulièrement le dentiste Raimund Günther von Kronmyrth. Rosa Albach Retty, la grand-mère de Romy Schneider, prétendit un jour avoir vu, une après-midi, dans le salon de pâtisserie Zauner de Bad Ischl, une femme mince vêtue de noir, qu'elle reconnut aussitôt, rincer son dentier dans un verre d'eau. Ainsi naquit la rumeur. Mais des sources historiques permettent aujourd'hui d'infirmer ce racontar : d'abord l'autopsie de l'impératrice qui fait notice d'une bonne dentition, ensuite la correspondance entre Elisabeth et son dentiste. Mais comme Elisabeth portait beaucoup d'importance à son apparence, s'appliquant à dissimuler la moindre imperfection, on peut supposer qu'elle ne trouvait tout simplement pas ses dents assez régulières ou assez blanches. D'ailleurs elle parlait déjà très doucement étant jeune, par timidité. Et peut-être le

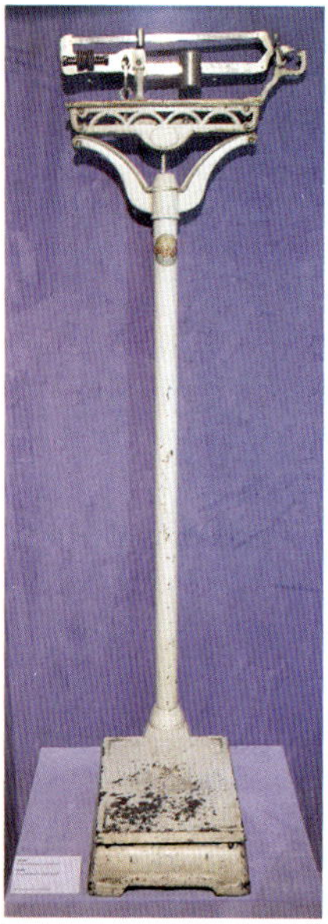

Balance provenant de la Hofburg.

tabac est-il responsable de ses dents jaunes, puisqu'elle fumait des cigarettes sans filtre.

C'est donc à sa sveltesse qu'Elisabeth accorde la majeure partie de son attention. Elle mesure 1 mètre 72 et pèse entre 45 et 47 kilos. On s'étonne toujours de sa taille exceptionnellement fine de 51 centimètres, mais il ne faut pas oublier qu'à l'époque, les femmes portaient un corset dès leur plus jeune âge ce qui donnait certainement une autre physionomie que de nos jours. Pour rester mince, elle fait quotidiennement du sport. Outre l'équitation, elle pratique entre autres disciplines sportives l'escrime et la natation. Elle se fait installer dans son cabinet de toilette de la Hofburg des agrès de gymnastique, des anneaux, un espalier et des barres fixes, et s'en sert une heure tous les jours. Constantin Christomanos écrit en 1892 dans son journal : *Ce matin, avant de sortir, elle m'a convoqué dans ses appartements. Dans l'encadrement de la porte entre le salon et le boudoir, il y avait des cordes et des agrès. Lorsque j'entrai, elle était justement suspendue à des anneaux. Elle portait*

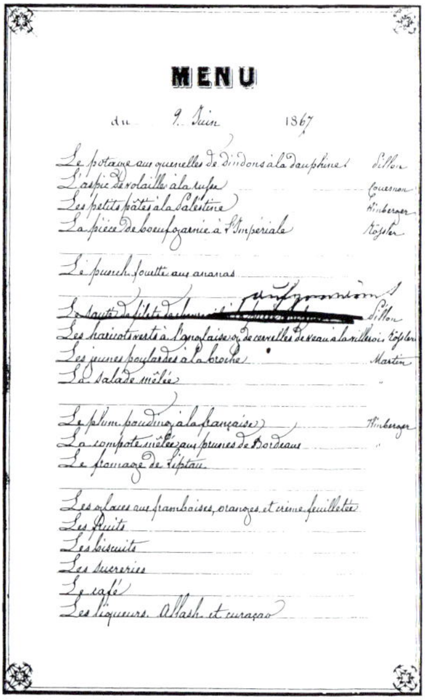

MENU

du 9. Juin 1867

Le potage aux quenelles de dindons à la dauphine — Dillon
L'aspic de volaille à la russe — Couesnon
Les petits pâtés à la Palestine — Hinberger
La pièce de boeuf garnie à l'Impériale — Kössler

Le punch fouetté aux ananas

Le sauté de filets de chevreuil — Dillon
Les haricots verts à l'anglaise, de cervelles de veau à la Villeroi — Kössler
Les jeunes poulardes à la broche — Martin
La salade mêlée

Le plum pouding à la française — Hinberger
La compote mêlée aux prunes de Bordeaux
Le fromage de Liptau

Les glaces aux framboises, oranges et crème feuilletée
Les fruits
Les biscuits
Les sucreries
Le café
Les liqueurs. Allash et curaçao

Menu du 9 juin 1867 (Budapest)
Bouillon aux quenelles de dinde
Aspic de volaille sur lit de salade russe
Petits pâtés à la mode de Palestine
Tafelspitz impérial
Punch givré à l'ananas
Filet de chevreuil sauté et sa purée chasseur
Haricots verts nature garnis de cervelle de veau façon Villeroy
Jeunes poulardes à la broche
Crudités
Pudding à la française
Fruits au sirop avec pruneaux de Bordeaux
Fromage de Liptau
Sorbet à la fraise et à l'orange
Fruits
Pâtisseries

une robe de soie noire à longue traîne, bordée de superbes plumes d'autruche noire. Je ne l'avais jamais vue vêtue de manière aussi pompeuse. Suspendue aux cordes, elle donnait une impression étrange, tel un être fantastique, entre le serpent et l'oiseau. Pour redescendre, elle dut sauter par-dessus une corde tendue à mi hauteur. Cette corde est là pour que je ne cesse jamais de sauter. Mon père était un grand chasseur devant l'Eternel, et il voulait que nous sachions sauter comme des chamois … Si les archiduchesses savaient que je fais de la gymnastique dans cette tenue, elles en seraient stupéfaite. Mais je ne le fais qu'un peu en passant, normalement je fais mes séances de gymnastique le matin ou le soir.

En haut : Cabinet de toilette et gymnastique de l'impératrice Elisabeth dans ses appartements de la Hofburg.

En bas : Filet d'agneau, légumes et pommes de terre, sur un plat provenant du service impérial destiné aux croisières.

Forcée d'abandonner l'équitation au début des années quatre-vingts, Elisabeth compense le besoin de se dépenser par de longues marches forcées que ce soit sous un soleil de plomb ou par vents et marées. Ces marches durent jusqu'à neuf heures et mettent à l'épreuve ses dames de compagnie, qui sont d'ailleurs choisies en fonction de leur endurance. Et même les guides qui l'accompagnent sont obligés de rebrousser chemin car elle va dans des contrées dont ils ne connaissent pas les chemins.

Parallèlement, Elisabeth a recours aux remèdes les plus divers pour garder son poids plume. Son pèse-personne

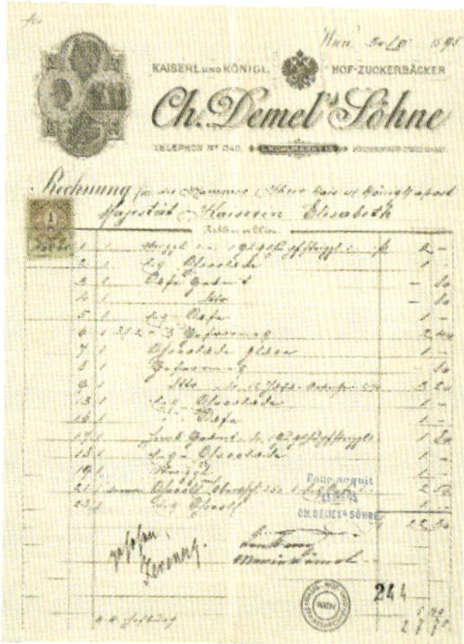
KAISERL. UND KÖNIGL. HOF-ZUCKERBÄCKER

Ch. Demel's Söhne

A droite : Facture de la pâtisserie Demel, fournisseur officiel de la cour impériale.

En bas : Gâteau aux griottes de Sa Majesté, pâtisserie Demel, présenté sur l'assiette à dessert du service en argent impérial « Hofform » acheté en 1852 pour Elisabeth

joue ici un rôle prépondérant : elle se pèse tous les jours et note son poids ainsi que son programme sportif dans un carnet. Plus elle avance en âge et plus elle observe des régimes alimentaires draconiens. En dehors des jours de jeûne complet, il lui arrive certains jours de ne boire que du lait ou alors elle se sustente d'oranges ou de bouillon de viande. Mais la rumeur selon laquelle Elisabeth se nourrissait de jus de viande crue est largement exagérée : un jarret de veau cru est effectivement livré tous les jours, mais il est broyé dans une presse à canard, pour être ensuite cuit avant d'être consommé. L'on-dit selon lequel Elisabeth vivait dans un état de faim permanent pour rester mince relève également de la légende. Des factures provenant de diverses confiseries nous prouvent qu'Elisabeth raffolait de pâtisseries et de glaces. Des menus de l'époque témoignent en outre d'un appétit certain d'Elisabeth : un petit déjeuner ordinaire comporte du café, de la crème battue froide et chaude, des biscuits salés et sucrés, des œufs, des viandes froides, du miel, des fruits et différentes sortes de petits pains. Ainsi qu'un verre de vin.

C'est parce qu'elle tient à avoir toujours du lait et des

produits laitiers frais, qu'elle fait aménager en 1895 une métairie dans le parc du château de Schönbrunn, qui lui livre tous les jours son lait frais. Lorsqu'elle voyage, même en mer, elle fait suivre des chèvres pour pouvoir continuer à boire du lait frais. Au sujet d'une de ces chèvres, elle dit à Christomanos qui l'accompagne souvent dans ses voyages : *Elle manque un peu d'enthousiasme pour les beautés du voyage, mais elle est très consciencieuse, vous comprenez, c'est une anglaise … ce sont les meilleures nurses !*

Elisabeth a aussi un faible pour les huîtres françaises dont elle se régale à chacun de ses voyages, accompagnées du vin italien Asti spumante. Tout bon dîner est composé de rôtis et de légumes et se termine par une glace, ou plus exactement un sorbet, donc sans crème ou lait. Son préféré étant le sorbet à la violette. Les pétales de violettes sont broyés dans un mortier, mélangés à du sucre et de l'eau chaude et congelés pendant une heure.

Il y a deux raisons à la rumeur de cette obsession de l'impératrice pour sa silhouette. D'une part, Elisabeth n'essaie pas de ressembler à l'idéal de beauté qui a cours à l'époque. La femme idéale a des rondeurs, comme le montrent par exemple des photos de Katharina Schratt, maîtresse de François-Joseph, ou de Mary Vetsera, la maîtresse de Rodolphe qui se suicidera avec lui. Les contemporains d'Elisabeth la tiennent donc pour maigre par nature. Et c'est bien sa nature, car même ses frères et sœurs sont grands et minces. D'autre part, Elisabeth a d'autres habitudes alimentaires que ses contemporains. Elle prend un petit déjeuner copieux, un déjeuner, puis un encas dans l'après-midi et un dernier entre cinq et six heures du soir. Elle sait par expérience qu'elle ne supporte pas bien les repas pris tardivement, ou en tout cas qu'ils la font grossir. Elle ne mange donc plus rien après six heures du soir. Ce qui l'oblige

En haut : Presse à canard de l'impératrice

En bas : Menu des fiançailles de l'archiduchesse Marie-Valérie et de l'archiduc François-Salvador le 31 juillet 1890 à Bad Ischl.

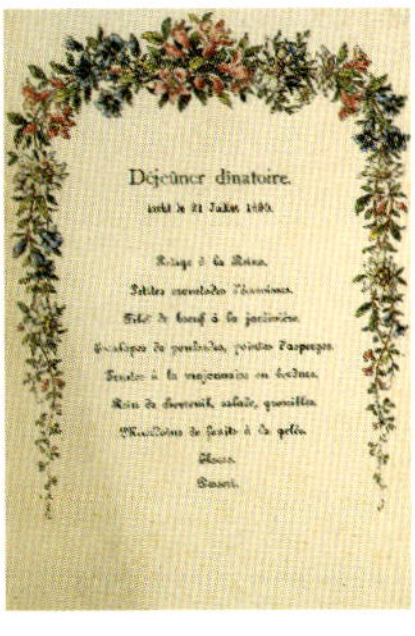

Déjeûner dinatoire.

à ne pas apparaître au repas familial du soir, ou, si elle y est obligée, à manger si peu que sa réputation en est faite.

L'Album de Beautes

Le culte de la beauté d'Elisabeth s'étend aussi à d'autres femmes, à tel point qu'elle commence un Album de Beautés : une collection de photographies de femmes qu'elle considère comme remarquablement belles, des dames d'honneur de la cour, des princesses européennes mais aussi des femmes du demi-monde comme des danseuses et des artistes de cirque. Ce n'est pas la beauté en soi qui la fascine, mais ce qu'un visage peut dégager de mystère ou au contraire de naturel, indépendamment de leur rang.

L'impératrice Eugénie.
L'impératrice des Français était, en Europe, tout aussi réputée qu'Elisabeth pour sa beauté. Graf Wilczek raconte comment il a observé les deux femmes lors d'une rencontre des deux couples impériaux à Salzbourg : *J'ai ouvert la porte tout doucement, j'ai traversé deux pièces vides de l'appartement puis la chambre avant d'arriver au cabinet de toilette dont la porte était entrouverte. En face de la porte se trouvait un miroir et celui-ci reflétait les deux impératrices, des mètres rubans à la main, en train de mesurer les plus beaux mollets d'Europe. De ma vie jamais je n'oublierai cette scène.*
La nièce d'Elisabeth, Marie Larisch, met ce récit sur le compte de la vantardise et croit se souvenir que les rapports entre les deux impératrices n'étaient guère amicaux.

Photos extraites de l'Album de Beautés de l'impératrice (dans le sens des aiguilles d'une montre, d'en haut à gauche) : Madame Duz-Oglu de Constantinople, Caroline Hunyady, dite « Lilly », dame d'honneur d'Elisabeth, Mademoiselle Léonie, artiste de Variété de Paris, et une danseuse inconnue.

Page ci-contre : L'impératrice Elisabeth à la fenêtre de l'atelier Albert de Munich, 1865.

A gauche : Elisabeth en reine de Hongrie ; Emil Rabending, 1866.

A droite : Elisabeth avant 1860.

En bas : Photographie d'Emil Rabending, 1865/66.

Les photos de ces deux pages font partie des rares photographies authentiques de l'impératrice. La plupart des portraits réalisés par la suite étant des montages.

Tenue de Marche plutôt que Haute Couture

Elisabeth est certes consciente de ses devoirs en matière vestimentaire et soigne ses toilettes en conséquence, sans pour autant attacher de l'importance à l'actualité de la mode. Son idéal de beauté c'est avant tout un corps svelte et gracieux, quant aux vêtements, il lui importe simplement qu'ils n'entravent pas ses mouvements. Surtout pour l'équitation : elle passe des heures à faire des essayages et n'est jamais satisfaite. Devant un miroir, elle se fait sceller un cheval de bois, sur le dos duquel elle essaie les vêtements.

Ses robes ne sont pas simplement confectionnées sur mesure, mais parfois aussi cousues directement sur elle, ce qui peut durer une heure. Pour voyager elle porte des ensembles de laine épaisse dont elle peut varier la longueur de la jupe par une rangée de boutons. C'est la raison pour laquelle elle ne porte pas de jupon mais seulement des bas ajustés, l'été en tissu de soie et l'hiver en fine peau de daim. Elle se fait remarquer même par ses chaussures, puisqu'elle ne porte pas, comme son rang l'exige, de bottines de soie à talons, mais des bottes de cuir plates à lacets qui lui arrivent à la cheville et qui lui permettent de faire ses longues promenades et marches, même par mauvais temps.

Page ci-contre, en haut : Cette robe date de 1889 et est la seule de couleur claire qu'Elisabeth ait portée après le suicide de son fils à des occasions officielles comme l'anniversaire de l'empereur ou l'anniversaire des fiançailles de sa fille Marie-Valérie.

Page ci-contre, en bas : Châle de dentelle brune de l'impératrice.

En haut : Elisabeth en robe blanche, vers 1863.

A droite : Déshabillé de l'impératrice.

En bas : Gants, coffret à gants, éventail de style rococo et pantoufles brodées de l'impératrice.

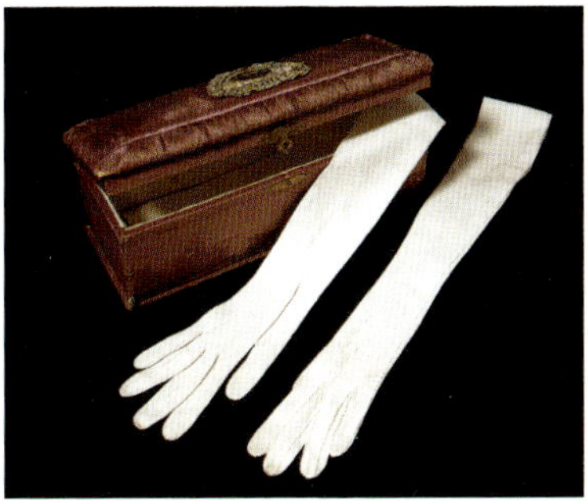

La Peur de l'autre

Afin de rester en mémoire comme une femme jeune et belle, Elisabeth cesse de se faire photographier dès qu'elle a une trentaine d'années. Et les derniers tableaux pour lesquels elle a posé datent de 1879, elle a donc 42 ans. Elle est toujours équipée d'éventails, de voiles ou d'ombrelles dont elle se cache le visage car elle a horreur qu'on la regarde.

Elisabeth a peur de vieillir, comme elle le confie à Marie Larisch : *Quelle horreur que de vieillir ! De sentir le poids du temps sur notre corps, de voir sa peau se friper, de se réveiller avec la peur du jour en sachant que l'on n'est plus désirée.*

On comprend à ces lignes qu'Elisabeth se définit en grande partie par sa beauté. Et celle-ci déclinant, elle se sent inutile, indésirable et en devient dépressive. Les éventails ne sont pas uniquement là pour dissimuler son âge, mais aussi pour marquer une séparation symbolique entre elle et le monde. Son lecteur grec Constantin Christomanos écrira dans son journal en 1892 : *C'est à l'ombrelle et à l'éventail que je m'adresse, ce célèbre éventail noir et cette fameuse ombrelle blanche, ses fidèles compagnons qui font à présent partie de sa vie comme un prolongement de son corps. Ils n'ont pas pour elle la même fonction que pour les autres femmes : chez elle,*

Portrait posthume de l'impératrice par Anton Kaulbach. Il l'a représentée avec la fameuse ombrelle blanche doublée de cuir et l'éventail de cuir sans lequel Elisabeth ne sortait jamais.

ce sont desemblèmes, des armes, des boucliers au service de sa personne … elle veut se défendre de la vie extérieure …

Et quand le temps s'en prendra à moi,
Sous un voile je me cacherai,
Et les gens parleront de moi
Comme de la femme qui a été

Je sens en moi monter la bile,
Lorsque les gens me dévisagent,
J'aimerais rentrer dans ma coquille,
Oh, j'en crèverais de rage
Aux Badauds, 1887

De haut en bas :
Ombrelle en dentelle noire, éventail rond à long manche, pouvant aussi servir d'ombrelle, et éventail en dentelle noire de l'impératrice.

« La dame en noir »,
Mise en scène par
Rolf Langenfass, Musée
Sisi, appartements
impériaux, Vienne.

Je chemine solitaire sur cette terre,
Depuis longtemps détachée du plaisir, de la vie,
Nul compagnon ne partage le secret de mon cœur.
Jamais aucune âme n'a su me comprendre.

Aux âmes du futur, 1887

La Dame en Noir

Après le suicide tragique de son fils unique Rodolphe en 1889, Elisabeth, de plus en plus aigrie, se renferme sur elle-même, évitant les contacts humains, et devenant inaccessible. Désormais, elle ne portera que du noir. On ne verra plus d'elle qu'une sombre silhouette, dans le lointain.

Et elle apparaît une dernière fois en public lors des fêtes du millénaire à Budapest en 1896. Kalman Mikszath, présent à la réception, donne ses impressions : *Elle est assise là-bas, dans la salle du trône du château royal, vêtue de sa toilette hongroise de dentelles noires. Tout, tout en elle est sombre. De ses cheveux foncés tombe un long voile noir. Ses peignes, ses perles, tout est noir, sauf son visage, de marbre, et incroyablement triste … une mater dolorosa … on reconnaît bien son visage, mais le chagrin y a creusé ses sillons … Elle n'a pas un geste, pas un regard. On dirait une statue de marbre …*

En haut : Le couple impérial lors des fêtes du millénaire de la Hongrie à la cour de Ofen le 8 juin 1896.

LES REFUGES

Avec le temps, Elisabeth a appris à s'imposer à la cour ; elle se met alors à vivre sa vie comme elle l'entend. Elle fait ce qu'elle veut et refuse de plus en plus de jouer le rôle qui lui est imparti. François-Joseph et Elisabeth vivent alors presque comme deux étrangers. Elisabeth, faisant passer ses intérêts personnels avant tout, se sent incapable d'épauler son mari dans ses attributions. Elle n'accepte d'être ni l'épouse, ni la mère, ni l'impératrice que réclame la tradition de la cour. Sa dame d'honneur la comtesse Festetics remarquera à son sujet : *C'est une exaltée qui passe son temps à ruminer …*

Château de Gödöllő près de Budapest, Hongrie. Le château appelé autrefois Grassalkovich est un cadeau de la Nation hongroise au couple royal lors du couronnement en 1867.

Pour se changer les idées, Elisabeth entreprend de longs voyages, à la recherche de refuges, de lieux où elle pourrait vivre à sa guise. On peut citer le château de Gödöllő près de Budapest, la Villa Hermès dans le jardin zoologique de Lainz à Vienne et enfin l'Achilleion sur l'île grecque de Corfou. C'est certainement à la Hongrie

Villa Hermès dans le parc de Lainz, Vienne. Construite en 1883 par Carl Hasenauer au beau milieu du jardin zoologique de Lainz, la Villa Hermès est un cadeau de François-Joseph à Elisabeth, dans l'Espoir qu'elle passerait plus de temps à Vienne.

que va sa préférence. Elle s'entoure de dames de compagnie hongroises, d'abord Ida Ferenczy, Marie Festetics puis Irma Sztaray, avec qui elle parle exclusivement le hongrois, sa langue préférée. Elle fera de nombreux séjours en Hongrie, surtout à Gödöllő, où elle retrouve l'intimité et la liberté recherchées.

En 1888 elle tombe amoureuse des beaux paysages sauvages de Corfou comme elle l'écrit à François-Joseph : *Corfou est un endroit idéal, le climat, les promenades à l'ombre des oliviers, de bonnes routes et le bon air de la mer* … Elle s'y fait construire à grands frais une somptueuse villa de style pompéien, à laquelle elle donne le nom de son héros favori tiré de la mythologie grecque, Achille, et l'aménage avec des antiquités de grande valeur. Elle dira au sujet de l'Achilleion : … *c'est mon asile, où je n'appartiens qu'à moi* … Mais très vite, l'impératrice, toujours insatisfaite, se lasse de l'Achilleon et décide de le vendre, ce qui ne se fera qu'après sa mort. Un besoin inassouvi semble la pousser à toujours partir. Dans son dos on se moque de son extravagance et de son exaltation, mais François-Joseph continue envers et contre tout à soutenir sa femme adorée, même si cela signifie pour lui de l'avoir de moins en moins à ses côtés. Ils se voient plusieurs fois dans l'année, passent quelques jours

… c'est mon asile, où je n'appartiens qu'à moi …
Elisabeth au sujet de l'Achilleion

ensemble. Le reste du temps, François-Joseph doit se contenter de lettres et de récits de voyages détaillés de sa femme, et il vit dans la peur qu'il lui arrive quelque chose.

Service de table de l'Achilleion, dont Irma Sztaray dit : *Les repas à l'Achilleion étaient somptueux. Les mets les meilleurs, venus de la mer, à laquelle tout rappelait, car l'argenterie, la porcelaine, les verres, les nappes et les serviettes représentaient, sous la couronne impériale, un dauphin. Comme partout à l'Achilleion, le dauphin était présent.*

En bas : Coffret à bijoux provenant de l'Achilleion.

Page ci-contre, en haut :
Au sujet de l'Achilleion, Irma Sztaray, dame d'honneur d'Elisabeth, dira : *Seul le péristyle est témoin des promenades de l'impératrice. Ici, personne ne la dérange. Personne n'ose venir ici, sans avoir été ordonné …* Elle trouve le site particulièrement beau au coucher du soleil, les nuits de pleine lune : *… tout était plongé dans un océan de lumière, le péristyle, les terrasses en contrebas du jardin, on aurait dit un monde féerique et mystérieux …*

Page ci-contre, en bas :
Achilleion, villa de Corfou, Grèce. C'est une réalisation de l'architecte napolitain Raffaele Carito en 1891/92

Titania

Je me hâte vers le royaume des songes,
O mon maître, c'est là que tu es,
Mon âme enthousiasmée
Déjà vole vers toi !
A mon maître, 1887

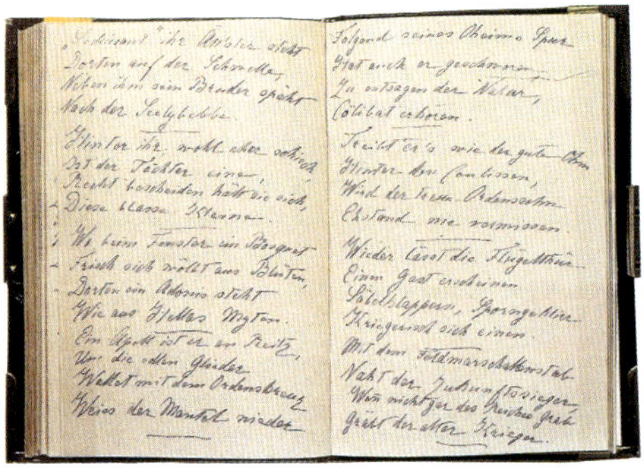

Elisabeth, qui écrit des poèmes depuis sa jeunesse, se réfugie peu à peu dans une poésie exaltée. Elle vénère Homère et plus encore Heinrich Heine qui lui inspire de très nombreux poèmes. Il y est question de mélancolie, de déceptions et de nostalgie, mais aussi de sa misanthropie et de son isolement grandissant.

En haut : Journal poétique de l'impératrice.

En bas : Heinrich Heine ; Tableau de Gottlieb Gassen.

Non, Titania ne doit point se mêler aux humains
Ni descendre en ce monde où nul ne la comprend
Où l'assiègent mille et cent mille curieux
Chuchotants, avides : « Voyez cette folle, voyez-la ! »
Où règnent constamment la jalousie et l'envie
Propres à altérer chacune de ses actions
Non, qu'elle revienne donc vers ces régions
Où vivent des âmes plus belles, proches de la sienne.
A Titania, 1888

Constantin Christomanos a immortalisé dans ses mémoires le souvenir des heures de lecture avec l'impératrice et l'omniprésence du poète Heine : *Nous commencions à parler de la vie et du monde, quand elle commença à déclamer d'une voix légèrement*

ironique (suit le poème numéro 58 du cycle du « retour », extrait du « Livre des Chants« de Heine »).

Il faut comprendre l'admiration d'Elisabeth pour le poète mort en 1856 comme une aspiration à une indépendance intellectuelle. A l'époque, Heine est loin d'être un poète reconnu, il fait même scandale dans l'Europe entière, mais elle est justement attirée par son ironie et sa critique réaliste des « choses de ce monde ». Qui plus est, Heine est considéré comme un élément gênant et honteux. Or Elisabeth aime les faibles et les exclus.

Elle commence aussi à s'identifier à la reine des fées Titania, du « Songe d'une nuit

En haut : Chambre à coucher et salon de l'impératrice à la Hofburg. C'est à ce bureau près de la fenêtre qu'elle compose la plupart de ses poèmes.

A gauche : Encrier de l'impératrice, argent doré à l'or fin et lapis-lazuli.

« Titania », personnage du « Songe d'une nuit d'été », ébauche de Hans Makart pour le rideau de théâtre du « Wiener Stadttheater ».

d'été » de Shakespeare. François-Joseph trouve cela bien fantaisiste, mais pour lui faire plaisir, il fait exécuter des fresques représentant des scènes du « Songe d'une nuit d'été » dans sa chambre à coucher de la Villa Hermès de Lainz qu'elle appelait « le château enchanté de Titania ».

Les Voyages

Avec le temps, Elisabeth se laisse de plus en plus aller à la nostalgie des voyages - plus elle est loin de Vienne, mieux elle se porte. Sous couvert de santé fragile, l'impératrice entreprend de longs et lointains voyages, avide d'autres horizons et d'autres cultures. C'est aussi qu'elle profite de ces voyages pour échapper à ses obligations. En voyage, elle fait ce qu'elle veut. Pourtant, de sa situation privilégiée, elle sait apprécier les avantages, surtout financiers. Le journal de son laquais personnel,

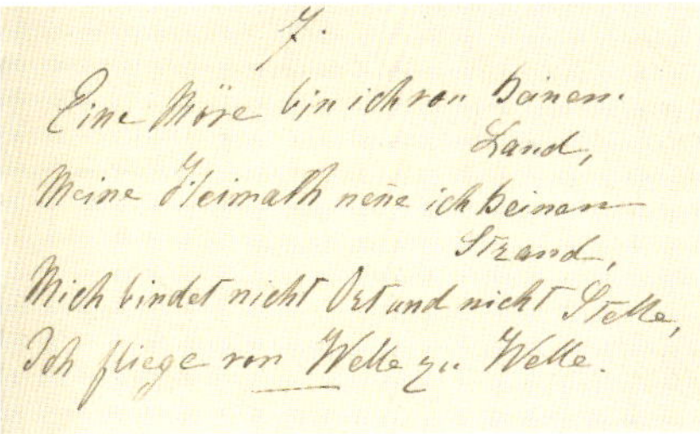
7.
Eine Möve bin ich von fernen Land,
Meine Heimath nenne ich keinen Strand,
Mich bindet nicht Ort und nicht Stelle,
Ich fliege von Welle zu Welle.

Je suis mouette de nul pays,
Nulle plage ne m'est patrie,
Ne m'attache à aucun rivage,
Je vole de vague en vague.
Chanson de la mer du Nord, 7, 1880

Léopold Alram, inconnu jusqu'à peu, parle d'un séjour insouciant sur la Côte d'Azur, où l'impératrice passe son temps dans les pâtisseries, à faire des emplettes, ou sur les yachts de riches Américains ou de la riche noblesse européenne, comme les Rothschild : *Le 19 mars, nous somme à nouveau partis pour Nice avec Sa Majesté et Son Altesse la comtesse Mikes* [Dame d'honneur d'Elisabeth] ; *à Nice, ces Dames ont pris leur petit-déjeuner à la pâtisserie Rumpelmayer, puis fait des emplettes … Le 30 mars au matin, nous avons pris le train pour Cannes, ces Dames ont également pris leur petit-déjeuner à la pâtisserie Rumpelmayer, puis fait des emplettes … J'ai eu l'honneur de retirer les souliers à Sa Majesté qui*

A gauche : L'impératrice Elisabeth à bord d'un bateau. Cette aquarelle a été réalisée sur demande de Marie-Valérie par Léopoldine Ruckgaber d'après une photographie.

En bas : Journal de Léopold Alram, 1893–1896, laquais de l'impératrice Elisabeth.

Elisabeth sur le départ ; carte postale souvenir, 1898.

En bas : Salon du wagon impérial, page ci-contre en haut, les plans du wagon, et en bas, , le compartiment chambre à coucher de l'impératrice.

Le wagon impérial de l'impératrice.
Peu exigeante pour ses croisières en mer, Elisabeth se fit construire en 1873 un fastueux wagon particulier avec salon pour parcourir l'Europe. Il comporte un salon-boudoir, une chambre et des toilettes, et est équipé d'un chauffage à vapeur et de l'éclairage électrique. Le wagon original se trouve au Musée Technique de Vienne, une réplique est exposée au Musée Sisi.

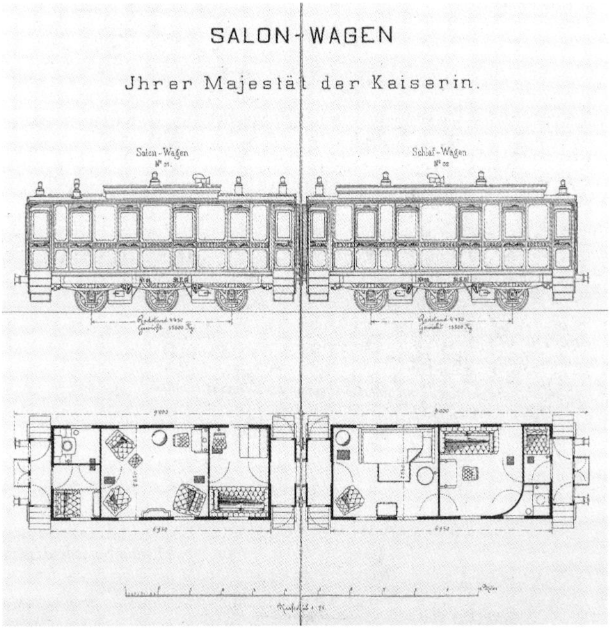

voulait en changer, mais la comtesse n'ayant pu y parvenir, cette tâche honorable m'a été impartie, la chaussure étant ma spécialité. Une fois les souliers ôtés, Sa Majesté m'a demandé si j'avais souvent retiré leurs souliers à des dames. Comme je lui répondis que c'était la première fois, elle s'en étonna, puis me félicita et me remercia pour ce service.

En haut : Sur le pont du yacht Miramar ; à l'arrière plan sous l'ombrelle, l'impératrice Elisabeth ; Photographie de l'archiduc François-Salvador, 1894.

En bas : Service de table de voyage de l'impératrice Elisabeth ; Mayerhofer & Klinkosch.

Et quelques jours plus tard: *Nous avons pris le train de 9 heures 30 de Menton à Nice avec Sa Majesté et les comtesses Trany et Mikes et la Demoiselle Schmidt. Dans le port de Nice, avons rendu visite au bateau nommé Valiant du riche Américain Panterbil* [sans doute s'agit-il de l'industriel américain Frederick William Vanderbilt], *puis celui, nommé « Eros' » de la famille Rothschild. Il paraîtrait que le « Valiant » aurait coûté 2 Millions de Florins ; ce n'est pas un bateau, c'est un palais ! … Puis collation à la pâtisserie Rumpelmayer …*

Au fur et à mesure des séjours loin de Vienne, l'humeur de l'impératrice s'améliore. En dehors de ces rencontres mondaines, elle vit simplement. Lors de randonnées, elle entre dans de simples auberges de villages ou des

refuges de montagne, pour y prendre un verre de lait, ou de bière accompagné parfois d'un bretzel. L'essentiel étant pour elle de ne pas être reconnue. Car dès qu'elle a le sentiment qu'on la reconnaît, elle prend la fuite. Contrairement à ce qu'on a souvent prétendu, Elisabeth ne voyage pas au hasard, mais prépare méticuleusement ses voyages un an à l'avance, seulement elle n'en informe que ses proches et les gens qui devront l'accompagner, et tous sont tenus au silence.

Elle se tient également à l'itinéraire prévu, sauf en cas de très mauvais temps. Mais ce qui est vrai c'est qu'elle ne tient pas en place, car elle se sent oppressée dès qu'elle est trop longtemps au même endroit. Elle dira à Constantin Christomanos : *Ce n'est pas les destinations des voyages que j'aime, mais les voyages qu'il y a entre. Et si un jour, en arrivant dans un paradis, j'apprenais que je ne pourrai plus jamais en repartir, même ce paradis deviendrait un enfer.*

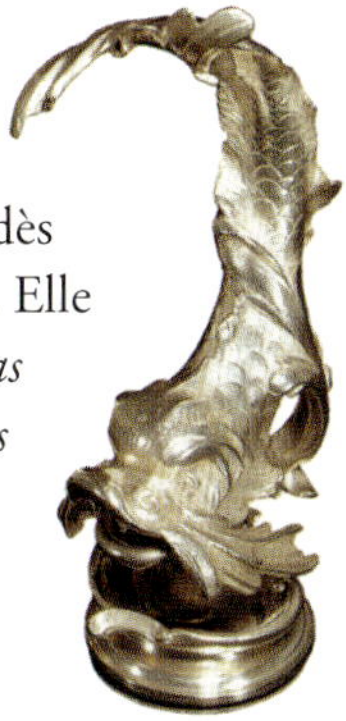

En haut et à gauche : Poignées du service du yacht Miramar, en forme de dauphin ; maillechort argenté, Arthur Krupp, Berndorf 1893.

En bas : Yacht Miramare.

Cadeau fait à l'impératrice : coffret contenant quatre planches qui, assemblées, représentent une carte en relief de l'itinéraire Vienne–Corfou.

Et les voyages que l'impératrice aime avant tout, ce sont les croisières. Elle se sent attirée par l'immensité de la mer et rêve, dans ses poèmes, d'être une mouette. Elle ne souffre pas du mal de mer et adore au contraire la houle marine. En mer, elle se sent proche des éléments. Sur le pont de son yacht il y a même un pavillon en verre avec vue sur la mer où elle se fait attacher à une chaise au plus fort de la tourmente, sous les yeux ébahis de l'équipage mort de peur, et elle explique à Christomanos: *Je fais comme Ulysse, parce que les vagues m'attirent.*

Mais la tempête en haute mer n'est pas du goût des gens de la suite de l'impératrice. Le laquais d'Elisabeth, Léopold Alram, qui accompagnera les croisières de l'impératrice à partir de 1893 et pendant des années, écrira dans son journal : *La mer était mauvaise, secouant notre bateau comme une coquille de noix, le retour fut un martyre, nous nous imaginions déjà finir mangés par les poissons. C'était 9 heures et demi du soir, je me suis entouré la tête d'une serviette pour ne plus rien entendre …*

Des lettres jusque-là inédites de Marie Festetics témoignent des efforts physiques et mentaux que réclamaient, pour les gens de sa suite, ces voyages et en particulier les croisières ; des lettre où l'on voit aussi combien l'impératrice devient égomane : *C'est de jour en jour plus insupportable sur ce bateau … Sa Majesté occupe tout l'espace, qu'il pleuve ou qu'il fasse nuit, on ne sait où se retirer. Elle nous confie tout, elle s'ouvre à nous, son âme est bonne et généreuse, et pourtant, parfois, elle me fait peur, car elle est plongée dans l'égoïsme et les paradoxes.*

En haut : Pharmacie de voyage de l'impératrice.

En bas : Pâtisserie Rumpelmayer à Menton sur la Côte d'Azur.

En 1888, lors d'un voyage en Grèce et en Asie mineure, Elisabeth se fait tatouer une ancre sur l'épaule. François-Joseph s'en offusque. Marie-Valérie, qui l'apprend le jour de ses fiançailles, raconte la scène dans son journal. Parce qu'Elisabeth vient de donner son accord pour le

mariage de Valérie, la mère et la fille pleurent de joie : … *quand papa est entré, il m'a demandé si je pleurais à cause de la terrible nouvelle de l'ancre tatouée sur l'épaule de maman ; moi, je trouvais cela plutôt original et n'étais nullement choquée.*

L'impératrice Elisabeth ; Leopold Horovitz, vers 1900 ; portrait posthume de l'impératrice âgée, d'après une photographie de Ludwig Angerer, 1868/69.

L'Attirance pour la Mort

Elisabeth est de plus en plus rongée par la mélancolie. Elle semble prisonnière d'un sentiment morbide. Marie Festetics, ne supportant plus les voyages fatigants avec Elisabeth, écrit une lettre désespérée à Ida Ferenczy (Corfou, 11 novembre 1888) où transparaît l'état dépressif d'Elisabeth : *Je me sens oppressée, ma chère Ida, par ce que je vois et entends ici. Sa Majesté se montre certes toujours gentille quand nous sommes ensemble et me parle comme par le passé. Mais elle n'est plus la même, une ombre flotte sur son âme. Je ne vois pas d'autre expression, car lorsqu'un être humain, par paresse ou par jeu, réprime et refuse tout sentiment beau et noble, il ne peut s'agir que d'amertume ou de cynisme ! Crois-moi, mon cœur pleure des larmes de sang ! Si tu savais, elle fait des choses qui ne blessent pas seulement le cœur, mais aussi la raison. Hier matin, il faisait mauvais, et pourtant elle est sortie en voilier. Vers neuf heures, il s'est mis à pleuvoir averse, et cette bourrasque ponctuée de coups de tonnerre*

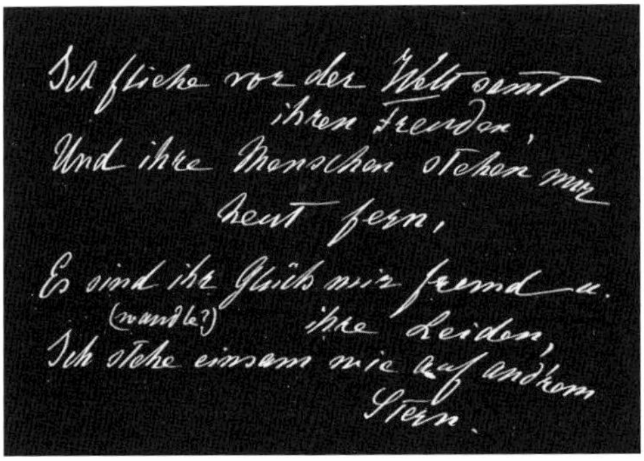

Ich fliehe vor der Welt samt ihren Freuden,
Und ihre Menschen stehen mir heut fern,
Es sind ihr Glück mir fremd u. (wandle?) ihre Leiden,
Ich stehe einsam wie auf andrem Stern.

Je fuis le monde et tous ses plaisirs,
Je suis bien loin des humains aujourd'hui ;
A leur bonheur et leur peine je suis étrangère ;
Et comme sur une autre étoile, j'erre solitaire …

Aux âmes du futur, 1887

terrifiants a duré jusqu'à trois heures de l'après-midi. Pendant tout ce temps là, elle n'a cessé de naviguer autour de nous, assise sur le pont, tenant son parapluie ouvert mais quand même trempée. Après quoi elle a accosté au hasard, a demandé sa voiture et a voulu passer la nuit dans la villa de gens inconnus !

A partir de 1897, Elisabeth est obsédée par la mort. Irma Sztaray, sa dame d'honneur, compagne de voyages et confidente de l'époque notera dans son journal : *A présent elle pense à la mort sans relâche …*

La famille d'Elisabeth aussi commence à se faire du souci. En 1897, sa fille Marie-Valérie écrira dans son journal : *Maman est plus renfermée que jamais … et ne parle que de choses tristes.* Ou encore, en mai 1898 : *… c'est vrai qu'avant aussi elle était parfois plongée dans une profonde tristesse, mais aujourd'hui, c'est un état permanent. Elle a encore dit aujourd'hui qu'elle aspirait à la mort …*

L'impératrice Elisabeth ; photographie retouchée vers 1897 d'après une photo de Ludwig Angerer de 1863/64.

J'aimerais que mon âme s'envole vers le ciel
par une brèche de mon cœur,

dit Elisabeth à la baronne de Rothschild la veille de sa mort

L'Attentat

En septembre 1898, Elisabeth passe plusieurs semaines à Territet près de Montreux, d'où elle fait des excursions. Le 9 septembre, Elisabeth et Irma Sztaray prennent le vapeur pour traverser le lac Léman de Caux à Genève, afin de rendre visite à la baronne de Rothschild qui habite à Prégny. Bien que la propriété de Prégny se trouve également au bord du lac et que la baronne ait proposé à Elisabeth de venir la chercher avec son yacht privé, Elisabeth refuse, voulant passer la soirée à Genève.

Extrait des albums de voyages de l'impératrice : embarcadère de Genève (en haut) et propriété de Julie de Rothschild à Prégny.

Il semble qu'Elisabeth passe une journée agréable chez Julie de Rothschild. A Genève, elle s'enregistre à l'hôtel Beau Rivage sous le pseudonyme habituel de comtesse Hohenembs. Le soir même, on la voit se promener en ville avec Irma Sztaray, manger une glace, acheter un cadeau pour Marie-Valérie, puis rentrer à l'hôtel vers dix heures. Suite à une indiscrétion, on ne sait de qui, un journal de Genève annonce le lendemain que l'impératrice d'Autriche est descendue à l'hôtel Beau Rivage. C'est dans ce journal que Luigi Luccheni lira la nouvelle. Luccheni est un anarchiste italien qui est venu à Genève pour assassiner le prince d'Orléans, or celui-ci vient

ASSERIE•
BILLARD
CAFÉ
CONCERT

En haut : A bord du bateau, l'impératrice s'évanouit.

Page précédente : dernière photographie de l'impératrice peu de temps avant sa mort, accompagnée de la comtesse Irma Sztaray ; Territet, le 3 septembre 1898.

d'écourter son séjour à Genève. La nouvelle tombe donc à pic ; Luccheni a trouvé victime plus éminente.

Le matin du 10 septembre, Elisabeth effectue encore quelques emplettes avant de rentrer à l'hôtel vers midi pour préparer son départ pour Caux par le bateau de 13 heures 40. Et c'est lorsqu'elle se dirige vers l'embarcadère, que Luccheni se jette sur elle et lui enfonce une lime finement aiguisée dans la poitrine. Elisabeth s'effondre, puis se relève, comme si de rien n'était, remerciant même les passants qui l'ont aidée à se relever. Personne, pas même elle, ne remarque la blessure mortelle. Luccheni l'a touchée en plein cœur, provoquant une hémorragie interne. Les deux femmes montent à bord du bateau. Et l'impératrice s'effondre à nouveau. On essaie de la réanimer avec de l'eau de Cologne puis avec un sucre trempé dans de l'éther. Elle se redresse alors, remercie et demande : *Que m'est-il arrivé ?* Puis elle s'évanouit. Lorsqu'Irma Sztaray dégrafe son corsage, elle découvre une minuscule tâche brunâtre sur sa chemise de batiste et la fine blessure qui ne saigne pas. C'est là qu'elle comprend qu'Elisabeth a été blessée mortellement. Le bateau fait immédiatement demi-tour et l'impératrice mourante est montée dans sa chambre d'hôtel, où les médecins constatent son décès à 14 heures 40.

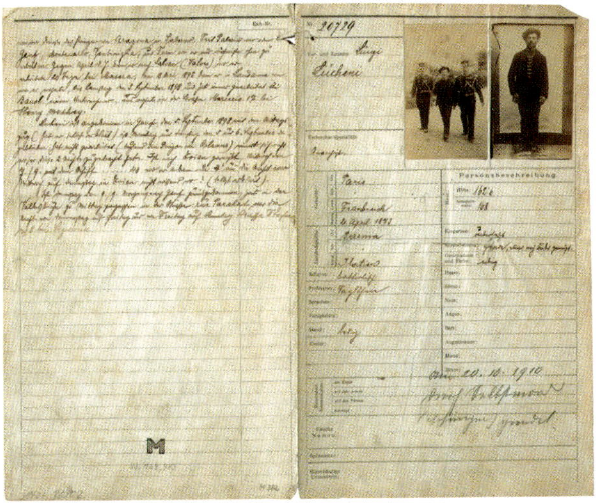

En haut : Procès-verbal de l'interrogatoire de Luigi Luccheni.

Marie-Valérie écrira dans son journal : *C'est arrivé comme elle l'a toujours souhaité, rapidement, sans souffrir, sans consultation de médecins, sans que les siens aient à se faire du souci pour elle.*

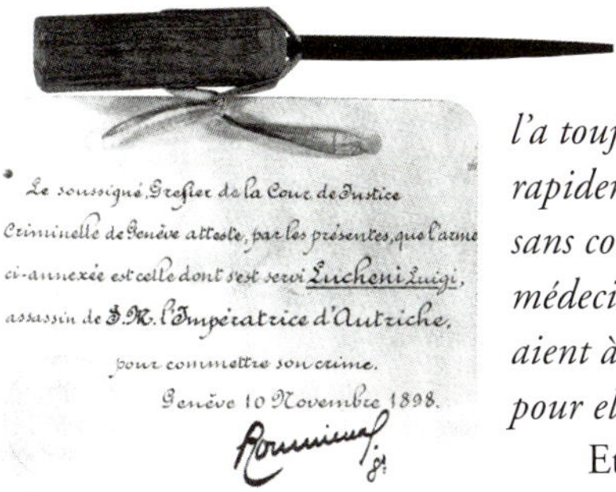

A gauche : L'arme du crime, une lime à manche de bois.

Et quand François-Joseph apprend la nouvelle de son aide de camp général, le comte Paar, il aura pour seules paroles : *Vous ne pouvez pas savoir combien j'ai aimé cette femme.*

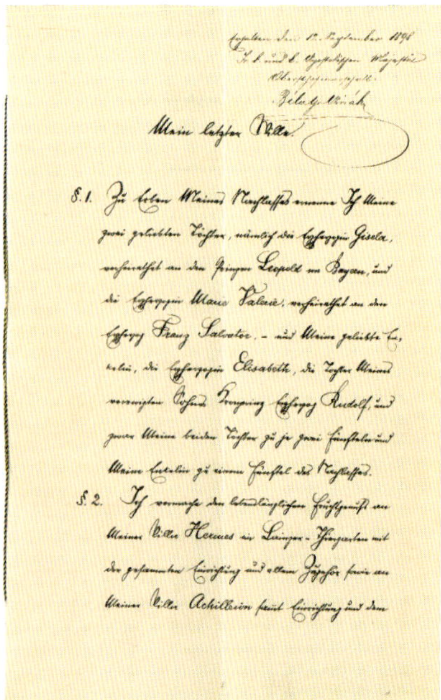

Meine letzter Wille

§.1. Zu Erben Meines Nachlasses ernenne Ich Meine zwei geliebten Töchter, nämlich die Erzherzogin Gisela, verheirathet an den Prinzen Leopold von Bayern, und die Erzherzogin Marie Valerie, verheirathet an den Erzherzog Franz Salvator, – und Meine geliebte Enkelin, die Erzherzogin Elisabeth, die Tochter Meines verewigten Sohnes Kronprinz Erzherzog Rudolf, und zwar Meine beiden Töchter zu je zwei Fünfteln und Meine Enkelin zu einem Fünftel des Nachlasses.

§.2. Ich vermache den lebenslänglichen Fruchtgenuß an Meiner Villa Hermes im Lainzer-Thiergarten mit der gesammten Einrichtung und allem Zugehör sowie an Meiner Villa Achilleion sammt Einrichtung und dem

Les Funerailles

La dépouille mortelle d'Elisabeth est aussitôt transportée à Vienne à la chapelle de la Hofburg avant d'être inhumée dans la crypte des Capucins le 17 septembre. Si l'on s'émeut, c'est moins sur Elisabeth que sur l'empereur, à nouveau frappé par le sort. Le comte Kielmannsegg dira d'ailleurs plus tard : *On versa peu de pleurs sur elle.*

Pourtant, après sa mort tragique, toute critique sera balayée et le souvenir d'Elisabeth immortalisé : celui de la belle impératrice inaccessible.

Donnant naissance au « mythe Sisi ».

Illustrirtes Wiener Extrablatt.

Nr. 250. Wien, Sonntag, 11. September 1898. 27. Jahrgang.

Unsere Kaiserin todt!

Ermordet von einem Anarchisten in Genf.

Das interessante Blatt

Nr. 38. Wien, 22. September 1898. XVII. Jahrg.

Die todte Kaiserin in der Kapuzinergruft in Wien.

Die heutige Nummer ist 20 Seiten stark.

En haut : Journaux viennois annonçant la mort de l'impératrice.
En bas : Cortège funèbre sortant de la Hofburg.

Page de gauche :
En haut : L'empereur François-Joseph à la Hofburg devant le cercueil de l'impératrice ; gravure sur bois, 1898.
En bas : Testament de l'impératrice.

EPILOGUE

Aussitôt après l'attentat, Luigi Luccheni prend la fuite, jetant la lime dont la pointe se casse en tombant. Mais il est tout de suite arrêté. Ce n'est que plus tard, quand on découvre la blessure mortelle d'Elisabeth, que l'on recherchera la lime. Le procès de Luccheni a lieu un mois exactement après l'attentat. L'anarchiste reconnaît les faits et se dit même fier de son acte qui va lui apporter la célébrité. Le procès se déroulant selon la législation en cours à Genève, Luccheni est condamné « seulement » à la réclusion perpétuelle. Il se déclare déçu de ne pas être condamné à mort. Douze ans plus tard, en octobre 1910, Luccheni se pend dans sa cellule avec sa ceinture.

En 1984 on transfère la dépouille de Luccheni sous le sceau du secret au Musée national d'anatomie pathologique de Vienne, situé dans la tour dite « Tour des Fous » de l'ancien hôpital. Puis, ces restes conservés – il s'agit en fait seulement de sa tête dans un bocal – ne présentant aucun intérêt pour la science et afin d'éviter d'attirer les curieux, la dépouille de Luigi Luccheni est incinérée dans le cimetière central de Vienne en 2002, dans le plus grand silence.

Page ci-contre : Silhouette de l'impératrice Elisabeth. Dessin par Rolf Langenfass, 2001.

Sources

Schweizerisches Bundesarchiv (Archives fédérales suisses), Berne. Œuvres littéraires posthumes de l'impératrice d'Autriche Elisabeth, J I. 64

Österreichisches Staatsarchiv , Haus-, Hof- und Staatsarchiv (Archives nationales autrichiennes), Vienne. Legs Egon Caesar Comte Corti, documents sur la biographie d'Elisabeth

Schloss Schönbrunn Kultur- und Betriebsges.m.b.H., Journal de Léopold Alram, laquais de l'impératrice Elisabeth

Bibliographie

Brigitte Hamann, *Elisabeth. Kaiserin wider Willen, Vienne–Munich 1981/ Elisabeth d'Autriche,* traduit de l'allemand par Jean-Baptiste Grasset, Fayard, 1985

Brigitte Hamann, *Kaiserin Elisabeth. Das poetische Tagebuch,* Vienne 1995

Brigitte Hamann, Elisabeth Hassmann, *Elisabeth. Stationen ihres Lebens,* Vienne 1998

Egon Caesar Comte Corti, *Elisabeth. « Die seltsame Frau »,* Salzbourg–Graz 1941/*Elisabeth d'Autriche,* Payot, 1987

Verena von der Heyden-Rynsch (Ed.), *Elisabeth von Österreich. Tagebuchblätter von Constantin Christomanos,* Munich 1983

Georg Nostitz-Rieneck, *Briefe Kaiser Franz Josephs an Kaiserin Elisabeth,* 2 vol., Vienne 1966

Ingrid Haslinger, *Tafeln mit Sisi. Rezepte und Eßgewohnheiten der Kaiserin Elisabeth von Österreich,* Vienne 1998

Franz Schnürer, *Briefe Kaiser Franz Josephs I. an seine Mutter 1838–1872,* Munich 1930

Irma Gräfin Sztáray, *Aus den letzten Jahren der Kaiserin Elisabeth,* Vienne 1909

Marie Wallersee-Larisch, *Kaiserin Elisabeth und ich,* Leipzig 1935

Maria Freiin von Wallersee, *Meine Vergangenheit,* Berlin 1913

Gerda Mraz, Ulla Fischer-Westhauser, Elisabeth. *Wunschbilder oder Die Kunst der Retouche,* Vienne 1998

Elisabeth von Österreich, Catalogue de l'exposition du Musée Historique de la Ville de Vienne, Hermesvilla, Vienne 1986

Martha und Horst Schad, *Marie Valérie. Das Tagebuch der Lieblingstochter von Kaiserin Elisabeth von Österreich,* Munich 1998

Santo Cappon (Ed.), *Luigi Luccheni. « Ich bereue nichts! ». Die Aufzeichnungen des Sisi-Mörders,* Vienne 1998

Chris Stadtlaender, *Sisi. Die geheimen Schönheitsrezepte der Kaiserin und des Hofes,* Vienne 1995

Ingrid Haslinger, Katrin Unterreiner, *Kaiserappartements, Sisi Museum, Silberkammer. Die Residenz der Kaiserin Elisabeth,* Vienne 2004

Technisches Museum Wien (Ed.), *Der Hofsalonwagen der Kaiserin Elisabeth,* Vienne 2002

Crédits photographiques

Agfa Photohistorama Museum Ludwig, Cologne: 76, 77 (4)

Auktionshaus Dorotheum, Vienne: 26

Dr. Herbert Fleissner, Munich: 8

Dr. Herbert Sapinsky: 69/h

Filmarchiv Austria: 21 (3)

Gödöllő Királyi Kastélmúzeum: 86

Heinrich-Heine-Institut, Düsseldorf: 90/b.

Imagno, Vienne: 3, 6, 11, 23, 36 37, 51, 32/h., 56 (2), 57, 58 (2), 65, 66, 104

Institut für Gerichtliche Medizin der Universität Wien: 105/b.

Juwelier Rozet & Fischmeister, Kohlmarkt, Vienne: 40/h.

Kunsthistorisches Museum Wien: 47/d., 65/b.

Martin Charles: 99/b.

Michael Habsburg-Lothringen, Persenbeug: 96/h.

Monika Levay: 27/b., 67, 69/b., 80/h., 81/b.c.,

Museen des Mobiliendepots: 44, 68, 72/h., 75/h., 82, 88/h., 89/h. (2), 91/b., 96/b., 97/h., 107/b.

Neff Paul Verlag, Vienne–Berlin: 63

Österreichische Nationalbibliothek Portraitsammlung und Bildarchiv: 9, 10, 12 (2), 15/h., 16, 17, 22, 30, 33, 46 (2), 47/b., 48 (2), 49, 50, 52, 53, 54, 55, 59, 60, 61, 62, 64/b., 78, 79 (3), 81/h.g., 85, 88/b., 95/b., 98, 100, 101/b., 102 (2), 103, 106/h., 107/h. (2)

Österreichisches Staatsarchiv, Haus-, Hof- und Staatsarchiv: 28/h., 31/b., 39 (2), 72/b., 74/h., 75/b., 106/b.

Privé: 25/h.,c., 93/c.

Rebasso, Vienne: 24/b.

Rolf Langenfass: Jaquette (au verso), 109

Schloss Schönbrunn Kultur- und Betriebsges.m.b.H.: 7 (L.L.), 13/h. (E.K.), 14 (E.K.), 15/b. (J.W.), 19 (L.L.), 25/b. (E.K.), 28/b., 29/h. (E.K.), 29/b. (L.L.), 31/h. (E.K.), 32/h., 34/h. (L.L.), 38 (J.W.), 40/b. (L.L.), 41 (P.A.), 42/h. (J.W.), 42/b. (L.L.), 45 (E.K.), 47/g., 64/h. (E.K.), 70/b. (T.D.), 73/h. (T.D.), 80/b. (L.L.), 81/h.d. (E.K.), 81/b.g. (E.K.), 83/h. (E.K.), 84 (E.K.), 89/b. (M.S.), 91/h. (E.K.), 93/b. (L.L.), 94/h.

Schweizerisches Bundesarchiv, Bern: 13/b., 90/h., 93/h., 101/h.

Museum der Stadt Bad Ischl: 27/h.

Technisches Museum Wien: 94/b., 95 (2)

Basilique de pèlerinage de Maria Taferl, Basse-Autriche: 35 (2)

Chapelle de pèlerinage d'Altötting, Bavière: 34/b.

Wiener Stadt-, und Landesbibliothek: 20

Wien Museum: 24/h., 32/b., 87, 92, 97/b., 105/h.

Wilhelm Weckbecker und Erggelet: 71/h., 83/c.,b.

Wittelsbacher Ausgleichsfonds, Munich: 70/h.

Wolfgang Steidl: 71/b.

ZAM – Zentrum für außergewöhnliche Museen: 81/b.d., 99/h.

Abreviations

h. = en haut

b. = en bas

c. = au centre

d. = à droite

g. = à gauche

Les chiffres se rapportentau numéro de page, les chiffres entre parenthèsesau nombre de photographies.

Photographes

Lois Lammerhuber (L.L.)

Edgar Knaack (E.K.)

Johannes Wagner (J.W.)

Photobusiness (P.A.)

Tina Dietz (T.D.)

Margherita Spiluttini (M.S.)

2 ème édition

La maquette de couverture a été réalisée par Christian Brandstätter,
Barbara Sternthal a assuré le suivi de la production, le lectorat et le graphisme.

La reproduction des illustrations a été réalisée, entre autres, par Pixelstorm, Wien,
Impression et reliure : DELO tiskarna, Ljubljana.
Police de caractères Garamond 10, interligne 13.

ISBN 3-85498-417-0

Christian Brandstätter Verlagsgesellschaft m.b.H.
A-1018 Vienne, Wickenburggasse 26
Telephon (+43-1) 512 15 43-0
Fax (+43-1) 512 15 43-231
E-Mail: info@cbv.at
www.cbv.at